BIBLIOTHÈQUE "HISTORIA"

LA REINE
HORTENSE

PAR

JOSEPH TURQUAN

ÉDITIONS JULES TALLANDIER
75, RUE DAREAU, PARIS (XIVᵉ)

LA REINE
HORTENSE

La REINE HORTENSE et son fils
d'après le tableau de GÉRARD

JOSEPH TURQUAN

LA REINE HORTENSE

D'APRÈS

LES TÉMOIGNAGES DES CONTEMPORAINS

TOME PREMIER

A PARIS

ÉDITIONS JULES TALLANDIER

75, RUE DAREAU, 75

INTRODUCTION

————

Le public, qui aime à lire la vie privée des princes, se plaît maintenant à reviser les jugements portés sur eux par leurs contemporains. Il veut connaître la vérité, il veut qu'on dégage ces figures, celles de femmes surtout, de l'atmosphère trompeuse et toute de convention dont quelques-unes étaient enveloppées et où elles avaient peine à se détacher nettement.

La sincérité historique consiste à ne pas surfaire, à ne pas embellir ses personnages, à ne pas les diminuer non plus et à ne pas les enlaidir.

Je me suis efforcé, dans ce portrait de la reine Hortense, d'être sincère.

Il fut un temps où l'on ne pouvait entendre

prononcer ce nom sans qu'il fût accompagné de ses litanies. Il en fut un autre où il était inséparable de demi-sourires moqueurs et de sous-entendus rabelaisiens.

Hélas! les demi-sourires et les sous-entendus avaient raison. Comme sa mère, Hortense est une de ces femmes qu'on a beaucoup idéalisées et qui n'ont guère à gagner à l'examen attentif et impartial de leur vie: bien des gens s'étaient trop hâtés de canoniser avant terme cette « Corinne de boudoir ».

On s'est beaucoup apitoyé sur ses malheurs. On oubliait qu'elle aurait pu les éviter presque tous et qu'elle les dut, la plupart, à elle-même. Et puis, malheurs de princes, de princesses surtout, sont souvent de bien petits malheurs. On a, je ne sais pourquoi, l'habitude de plaindre les grands beaucoup plus qu'ils ne sont malheureux.

J'ai essayé de remettre tout au point dans cette étude, la princesse comme ses malheurs.

Une femme d'un grand esprit observateur, Mme de Staal-Delaunay, écrivait à Mme du Deffand: « Les grands, à force de s'étendre, deviennent si minces qu'on voit le jour au travers. C'est une bonne étude à les contempler : je ne sais rien qui ramène plus à la philosophie. »

Si Mme de Staal-Delaunay avait vécu au temps de la reine Hortense, nul doute que la vie de cette souveraine n'aurait changé en rien sa façon de penser sur les grands.

Ce sera aussi l'avis du lecteur.

J. T.

LA REINE HORTENSE

CHAPITRE PREMIER

Eugénie-Hortense de Beauharnais naquit à Paris
le 10 avril 1783. M. de Beauharnais, qui ne faisait pas
très bon ménage avec sa femme, — et chacun en cela
avait ses torts, — était parti pour la Martinique. Il s'y
trouvait au moment de la naissance de sa fille. Son
séjour n'y était pas fort agréable : il se débattait entre
des tiraillements de famille et les intrigues intéressées
d'une maîtresse d'occasion dont il subissait, comme
tant d'autres, l'impérieuse domination, quand il apprit qu'une fille lui était née; il résolut aussitôt de
planter là parents et maîtresse et de retourner en
France.

Il partit donc, mais avant de partir il s'était brouillé
avec la famille de sa femme à propos des torts qu'il

reprochait à celle-ci, et, lorsqu'il arriva à Paris, il adressa au Parlement une demande en séparation.

Mme de Beauharnais se retira alors au couvent de Panthémont. C'était la mode chez les femmes en instance de séparation. La petite Hortense était avec elle.

En sortant du couvent, Mme de Beauharnais alla habiter Fontainebleau, chez le vieux marquis de Beauharnais, qui vivait avec une maîtresse, la Renaudin, dont il n'avait pas encore eu le courage, la faiblesse plutôt, de faire sa femme. On n'était pas très sévère alors sur les mœurs, et Mme de Beauharnais, en sa qualité de créole, l'était moins que les autres.

En attendant, elle avait consenti à laisser vacciner Hortense. Le vicomte de Beauharnais, quoique séparé de sa femme, n'oubliait pas ses enfants : convaincu des bienfaits de la vaccine, il avait exigé que sa fille fût inoculée.

La petite Hortense grandissait dans cette insouciance qui est le bonheur de l'enfance, lorsque sa mère, « s'avouant enfin tout ce qu'avait d'équivoque cette situation d'une femme séparée de son mari », dit un biographe de Joséphine[1], mais qui, en réalité, était enceinte et voulait dissimuler cette grossesse illégitime, quitta Paris au mois de juin 1788 et partit pour la Martinique.

Le séjour qu'Hortense fit dans cette île parfumée, aux Trois-Ilets, lui laissa de profonds souvenirs. La beauté du paysage, la richesse de la végétation, l'étendue des horizons de mer frappèrent sa jeune imagination. A cet âge, toutes les impressions se gravent dans l'âme en traits ineffaçables : Hortense n'oublia jamais la Martinique. Sa vie, pourtant, y était bien simple.

1. Joseph AUBENAS, *Histoire de l'impératrice Joséphine*, t. I, p. 163.

Avec la curiosité des petites filles, elle allait voir les cases des nègres, s'amusait à regarder jouer et se rouler à terre des grappes de négrillons ; elle courait après les papillons, se faisait porter en palanquin, jouait à la poupée ou faisait la sieste pendant la grande chaleur du jour. Elle accompagnait aussi sa mère dans les quelques visites qu'elle faisait, lorsque la brise du soir, en se levant, venait rafraîchir l'air embrasé de la journée.

L'habitation des Trois-Ilets, petit bourg composé de quelques maisons en bois, à cause des tremblements de terre, et qui doit son nom à trois îlots surgis à peu de distance du rivage, était située dans un endroit véritablement délicieux. Bâtie sur une petite hauteur que dominent des mornes plus élevés, elle se trouvait au milieu de plantations et de verdures de tous les tons, traversées par le bruit d'un ruisseau qui allait sautillant sur son lit de cailloux : au-dessus se balançaient, en se berçant de leur vol ondoyant et rapide, de grandes libellules aux ailes enfumées, tandis que de gigantesques manguiers, des campêches et des goyaviers sauvages étendaient la fraîcheur de leur ombre sur ce délicieux coin de terre. Le ciel, d'un bleu intense de cobalt et d'une transparence cristalline, achevait de faire des Trois-Ilets un de ces asiles de paix où tout homme a rêvé au moins une fois de vivre dans ce repos absolu qui est peut-être le bonheur...

Hortense resta trois ans à la Martinique, dorant ses joues et sa jeunesse au soleil des Antilles. Il est probable que c'est là qu'elle prit ce goût, qu'elle afficha plus tard, pour la campagne, les jardins et les choses de l'art, qui, toutes, ont leur source dans la nature.

Au mois de septembre 1790, Mᵐᵉ de Beauharnais,
laissant à la Martinique la petite fille dont elle venait
d'accoucher [1], s'embarqua avec Hortense sur la fré-
gate *la Sensible*. La traversée fut heureuse. Le temps
étant toujours beau, Hortense jouait et courait toute
la journée sur le pont. Il paraît qu'elle y usa la seule
paire de souliers que sa mère, dans son imprévoyance,
dans sa pauvreté aussi peut-être, avait emportée pour
sa fille. Un jour Mᵐᵉ de Beauharnais s'aperçoit du désordre des chaussures de la petite ; elle s'aperçoit
aussi (c'est elle qui l'a raconté plus tard, mais ce
n'est pas une raison pour croire une telle exagération)
que le sang coule de ses pieds. Elle déclare aussitôt
que, puisque sa fille a usé ses souliers, elle ne
montera plus sur le pont. Un matelot, qui avait pris
plaisir à jouer avec Hortense, ne la voyant plus, s'in-
forme du motif de son absence. « Comment ! dit-il,
c'est parce que ses souliers sont usés que je ne verrai
plus ma petite amie ? J'en ai une vieille paire dans
mon coffre, je vais la chercher. » Il alla prendre ses
vieux souliers et il paraît qu'Hortense les reçut avec
une grande joie. Il fallut cependant leur faire subir
quelques modifications pour que la petite fille pût
s'en servir ; il eût même été plus naturel de réparer
les souliers d'Hortense que d'accommoder pour elle
ceux du matelot. Mais c'est ainsi que l'histoire a été
racontée plus tard par l'impératrice [2], qui ne dédaignait pas, malgré son indolence créole, de donner une
teinte d'héroïsme à tout ce qui la touchait : il est vrai
que la mode, sous l'Empire, était à l'héroïsme, aux

1. Cette petite fille fut mariée par Napoléon, en 1805, à un
officier.

2. Georgette Ducrest, *Mémoires sur l'impératrice Joséphine*, t. II, p. 13.

choses à la Plutarque, et Joséphine n'était-elle pas une femme à la mode?

La traversée fut aussi rapide qu'heureuse et, au mois d'octobre, la mère et la fille étaient à Paris. M. de Beauharnais les attendait, et le ménage se reprit à aller, comme si un arrêt du Parlement n'avait pas séparé les deux époux.

Cependant la Révolution était commencée et les plus grands événements se succédaient avec une étonnante rapidité. Au mois de mai 1793, M. de Beauharnais remplaça M. de Custine au commandement de l'armée du Rhin.

Les généraux payaient souvent alors de leur tête l'insuccès et même parfois le succès de leurs troupes. Aussi, dans l'incertitude des temps, dans l'inquiétude du lendemain, Mme de Beauharnais envoya ses enfants à une amie, la princesse de Hohenzollern-Sigmaringen, qui se disposait à émigrer en Angleterre.

Quand le général Beauharnais apprit que sa femme voulait envoyer ses enfants en Angleterre, il lui expédia un courrier pour lui enjoindre de les garder à Paris. Les enfants étaient déjà partis et se trouvaient en Artois, où la princesse de Hohenzollern attendait une occasion pour passer en Angleterre et les emmener avec elle. Mme de Beauharnais lui écrivit aussitôt et le prince de Salm, frère de la princesse de Hohenzollern, ramena à Paris Eugène et Hortense. C'est ce voyage à Paris qui fut cause de l'arrestation, puis de l'exécution du prince de Salm.

Cependant le général de Beauharnais, malgré quelques succès, n'avait pu arriver à temps pour secourir Mayence. La place, à bout de vivres, avait dû capituler. Cet événement, bien qu'il n'entachât en rien la gloire des armes françaises et fît au contraire valoir l'extrême endurance des troupes de la République, eut un retentissement énorme. Custine, Aubert-Dubayet, une foule d'officiers « mayençais » furent décrétés d'accusation, et l'indignation fut si grande qu'un député de la Convention, Varlet, proposa d'exclure de l'armée tout officier noble.

Sans attendre une révocation certaine, le général de Beauharnais envoya sa démission, et, avant même que la Convention l'eût acceptée, il remit le commandement au général Landremont et se rendit à Paris.

Pendant cet été de 1793, tandis que le général était à l'armée du Rhin, Mme de Beauharnais était allée passer quelques semaines dans un village des environs de Paris. Elle avait emmené ses enfants. Le hasard lui fit faire la connaissance de Mme de Vergennes et de ses deux filles, dont l'une, Claire, devait plus tard épouser M. de Rémusat, et l'autre le général de Nansouty. Hortense, plus jeune de quelques années que Mlle Claire de Vergennes, se lia cependant avec elle. Celle-ci a raconté, dans ses célèbres *Mémoires*, que, se plaisant à lui montrer les quelques bijoux de jeune fille qu'elle avait, Hortense s'extasiait et avouait que toute son ambition pour l'avenir se bornait à posséder, elle aussi, d'aussi grandes merveilles[1]. Elle en eut bien davantage et d'infiniment plus belles, mais elle dut se dire plus d'une fois, dans sa prodigieuse élévation, que les bijoux ne suffisent pas toujours, comme elle le croyait alors, à faire le bonheur de toutes les femmes.

Le séjour du général de Beauharnais à Paris ne fut pas long : le temps de prendre sa femme, ses enfants, quelques bagages indispensables, et le voilà en route pour la Ferté, dans le Blésois. Il y fut relativement

1. Mme DE RÉMUSAT, *Mémoires*, t. I, p. 138.

tranquille pendant près d'un mois. Mais la Terreur pesait de plus en plus lourdement sur la France. Houchard, le vainqueur d'Hondschoote, Lückner, Biron, Custine, portèrent successivement leur tête sur l'échafaud. Beauharnais fut arrêté, conduit à Paris et enfermé dans l'ancien couvent des Carmes, transformé en prison. Sa femme, arrêtée elle aussi, fut envoyée à la même prison vers la fin d'avril 1794.

On ne sait trop ce que devinrent Eugène et Hortense pendant que leurs parents étaient emprisonnés. On a dit qu'ils furent recueillis par une amie de leur mère, Mme Holstein, mais il est plus vraisemblable que leur tante, Mme Fanny de Beauharnais, qui était liée avec Dorat-Cubières, homme de lettres et secrétaire adjoint de la Commune de Paris, s'occupa d'eux. D'ailleurs elle était la marraine de la petite Hortense, qu'elle devait appeler plus tard sa *céleste filleule*[1], et c'est à elle qu'on attribue la pétition suivante, adressée à la Convention et reproduite dans le journal *la Presse* du 21 mai 1855 : « D'innocents enfants réclament auprès de vous, citoyens représentants, la liberté de leur tendre mère, de leur mère à qui l'on n'a pu rien reprocher que le malheur d'être entrée dans une classe à laquelle elle a prouvé qu'elle était étrangère, puisqu'elle ne s'est jamais entourée que des meilleurs patriotes, que des plus excellents montagnards. Ayant

---

1. Sous le Directoire comme dans les commencements du Consulat, il était de mode d'accoler les épithètes les plus exagérées aux choses les plus simples et aux événements les plus ordinaires de la vie : « Depuis mon retour à Paris, en 1801, a écrit une contemporaine, j'avais été choquée du ton de la conversation ; rien n'y était naturel, et l'exagération avait mis à la mode les expressions les plus outrées. On éprouvait *l'horreur* ou *l'enthousiasme* pour les choses les plus futiles et les plus simples, tout était *inconcevable, inouï, monstrueux, horrible* ou *charmant et céleste...* » (Mme DE GENLIS, *Mémoires*, ch. XXXVII.)

demandé son ordre de passe pour se soumettre à la loi du 26 germinal, elle fut arrêtée le soir sans pouvoir en pénétrer la cause. Citoyens représentants, vous ne laisserez pas opprimer l'innocence, le patriotisme et la vertu. Rendez la vie à de malheureux enfants ; leur âge n'est point fait pour la douleur.

« Paris, 19 floréal an II (9 mai 1794).

Signé : Eugène Beauharnais, âgé de 12 ans.

Hortense Beauharnais, âgée de 11 ans.

Cette pétition n'eut aucun résultat.

On a dit qu'Eugène et sa sœur passèrent le temps de la Terreur à Fontainebleau. C'est une erreur. Ils restèrent à Paris. Mlle Cochelet le dit dans ses *Mémoires sur la reine Hortense*[1]. Ce ne serait cependant pas une preuve, car Mlle Cochelet, en fait d'histoire, n'écrit que ce qui lui convient, mais Arnault, qu'on doit, tout poète qu'il est, croire de préférence, le dit de son côté[2]. Le prince Eugène qui, sans être poète, ne mérite cependant pas dans ses *Mémoires* une aveugle confiance, surtout quand il parle des choses de sa famille, ne précise pas le lieu où il passa ce temps difficile, mais il est probable qu'il veut parler de Paris. « Par suite, dit-il, d'un arrêté du gouvernement qui obligeait les enfants des nobles à apprendre un métier, je fus mis en apprentissage chez un menuisier et ma sœur Hortense chez une couturière[3]. » Barras confirme les assertions d'Eugène : « La veuve Beauharnais, dit-il, était dans un état voisin de la misère et résidait à Fontainebleau. Elle vivait la plupart de l'année chez Mme Doué, créole comme elle,

1. T. IV, p. 138.
2. Arnault, *Souvenirs d'un sexagénaire*, t. III, p. 31-32.
3. Prince Eugène, *Mémoires*, t. I, p. 31.

et, sans ses secours, elle aurait manqué du premier nécessaire. Elle venait à Paris dans les petites voitures ; sa fille Hortense était en apprentissage chez une couturière, son fils chez un menuisier, ce qui était ou très philosophique ou fort peu maternel, car elle trouvait encore des moyens pour fournir à la dépense de sa toilette qui, à toutes les époques, a toujours été celle d'une courtisane [1]. »

Mme de Beauharnais, après le 9 Thermidor, qui lui avait ouvert les portes de sa prison, s'était lancée dans le monde de viveurs et jouisseurs à outrance qui fréquentait chez Barras, demi-monde plutôt, dont les mœurs faciles cadraient à merveille avec les siennes. Elle n'avait pas tardé à devenir la maîtresse du jeune et séduisant directeur. Embarrassée dès lors de sa fille et de son fils, qu'elle avait retirés d'apprentissage, et ne sachant qu'en faire, elle les envoya chez le vieux marquis de Beauharnais qui, s'étant laissé enfin épouser par la Renaudin, ne pouvait plus se montrer à Fontainebleau et vivait à Saint-Germain.

La Révolution, en dispersant les congrégations, qui, jusqu'alors, avaient eu le monopole de l'éducation des jeunes filles, avait amené la fermeture de leurs maisons. Mme Campan, qui avait, comme Mme de Genlis, la vocation de l'enseignement mais cherchait un moyen de gagner sa vie et celle de toute sa famille, eut la pensée de créer un pensionnat pour les jeunes filles riches. Elle ne possédait, quand elle se mit à l'œuvre, après le 9 Thermidor, qu'un assignat de cinq cents livres. Elle choisit, pour sa maison, la petite ville de Saint-Germain-en-Laye qui, par sa proximité de Paris et de Versailles, par sa situation sur un plateau dominant la vallée de la Seine, par

1. BARRAS, *Mémoires*, t. II, p. 60.

son bon air, devait lui amener beaucoup d'élèves. Pour attirer les jeunes filles appartenant à des familles catholiques, elle s'adjoignit une religieuse. Mais il fallait faire connaître sa nouvelle création. Comment s'y prendre, sans argent? Ne pouvant faire imprimer son prospectus, elle passa ses journées à en faire des copies et les envoya aux familles qu'elle avait connues lorsqu'elle était femme de chambre de la reine Marie-Antoinette, et qui, étant restées en France, avaient survécu à la tourmente révolutionnaire.

Elle ne tarda pas à voir affluer les élèves. A la fin de l'année, elle en avait soixante, et bientôt cent. Habile à faire valoir son œuvre, elle sut faire dire, tant à Paris qu'en province, que les familles les plus aristocratiques de France lui confiaient leurs filles ; elle mit des noms en avant, et cette adroite réclame lui valut plus d'élèves qu'elle n'avait osé en rêver. Si les vieilles familles lui envoyaient leurs filles, les fournisseurs, les banquiers, les agioteurs, tous fripons fraîchement enrichis, tous gens qui tenaient à décrasser leurs enfants de la tare paternelle, lui confièrent les leurs. Dans leur orgueil de parvenus, n'était-ce pas une manière de faire voir qu'ils savaient être riches?

Le nom de Mme Campan donnait une confiance pleine et entière. Cette femme, jeune encore, n'avait-elle pas vu de près la cour la plus brillante, la cour qui donnait le ton de toutes les élégances, la cour de France enfin, sur laquelle se modelaient toutes les cours de l'Europe? Aussi, à peine fondée, la maison de Mme Campan fut-elle en pleine prospérité.

Un homme de lettres, a raconté Mme Campan, parla à Mme de Beauharnais de sa maison. Elle lui amena aussitôt sa fille Hortense et sa nièce Émilie, fille du

marquis François de Beauharnais, qui épousa plus
tard M. de Lavalette.

Hortense occupa une chambre avec sa cousine
Émilie, les petites Pannelier et les petites Auguié,
Eglé et Adèle, nièces de Mme Campan. On sait que l'une
devint la maréchale Ney, et que l'autre, qui épousa
M. de Broc, mourut tragiquement en 1813. Une
grande intimité ne tarda pas à s'établir entre Hortense et ces jeunes filles : cette amitié survécut aux
grandeurs et, ce qui est plus rare, à l'adversité.

Mme Campan donnait à ses élèves une éducation
fort soignée ; mais on lui a reproché de s'être
occupée de préférence des élèves qui appartenaient
à des familles riches ou en vue ; elle avait pour elles
une indulgence exagérée et aimait mieux les laisser dans une douce oisiveté que les contrarier par
des réprimandes ou en les obligeant à travailler. De
plus, l'éducation qu'elle donnait rappelait peut-être
un peu trop la cour de Marie-Antoinette ; malgré
quelques travaux d'aiguille destinés aux pauvres,
— travaux plutôt pour la montre que travaux véri-
tables, à la façon des fermes et des moulins de
Trianon qui ne rappelaient que de très loin de vraies
fermes et de vrais moulins, — cette éducation était
trop mondaine, trop futile. On y donnait, entre
autres choses, une très grande place à la danse. Il
est vrai que la danse avait été en grande faveur à la
cour de Marie-Antoinette, et c'est peut-être pour cela
qu'elle jouissait d'une faveur plus grande encore sous
le Directoire. La danse passait alors avant toutes choses, et pour qu'une jeune fille fût réputée bien élevée,
il fallait, a dit la duchesse d'Abrantès, qu'elle dansât
comme Mlle Chevigny ou Mlle Chameroy. Les hommes,
naturellement donnaient dans le même travers ; pour

oser danser avec de pareilles sylphides, ne fallait-il
pas être un danseur de première force? Aussi tous les
jeunes gens du monde prenaient-ils des leçons à
Gardel et à Despréaux. Quelques-uns d'entre eux
acquirent par la perfection de leur danse une réputation qui, grâce-aux *Mémoires* du temps, défie
maintenant les siècles : M. de Trénis était devenu,
entre autres, une véritable illustration parisienne;
quelques jeunes gens, comme M. de Châtillon, ami de
Lucien Bonaparte et assez bon peintre, comme M. La-
fitte, comme M. Dupaty, n'étaient invités dans la bonne
compagnie qu'à cause de leur talent de danseur.
Sous Louis XVI, ce n'est pas pour un autre motif que
le père d'Hortense était invité à la cour; on l'appelait
Beauharnais le beau danseur, et sa femme n'y était
point admise.

Cependant Mme de Beauharnais, débarrassée de ses
enfants, cherchait un mari. Barras était marié, elle
ne pouvait donc songer à se faire épouser par lui;
mais comme c'était une relation utile et agréable,
elle tenait à le conserver pour amant. Hoche, qui
n'était pas encore marié, voulut bien la prendre pour
maîtresse, mais ne fut pas assez sot pour en faire sa
femme. Le petit général Bonaparte se laissa griser
par la grâce et l'accent créoles de la belle veuve, et,
après avoir été pris par elle à l'essai pendant
quelques mois, il eut l'étonnante faiblesse de l'épouser. Mme de Beauharnais avait, comme toutes ses
pareilles, joué la comédie de l'amour, et lui, le naïf,
s'était laissé engluer; il avait pris pour argent comptant les protestations d'amour qu'elle lui faisait —
à lui comme à tout venant, afin de trouver un mari
qui la tirât de la position gênée où elle se débattait,
— et il avait épousé. Il était si jeune, aussi!

Cliché Braun

La REINE HORTENSE
d'après le tableau de PRUD'HON

Une fois son mariage décidé, Mme de Beauharnais alla voir Mme Campan à Saint-Germain et lui fit part de sa prochaine union avec un jeune gentilhomme corse, — c'est ainsi qu'elle s'exprima, — ancien élève de l'école militaire et devenu général. Elle la pria d'apprendre cette nouvelle à sa fille, ne voulant point, on ne sait pour quelle raison, la lui apprendre elle-même. « Hortense s'affligea longtemps de voir que sa mère allait changer de nom[1]. »

Il est assez difficile de s'expliquer le chagrin d'Hortense à la pensée que sa mère allait se remarier. Ce ne pouvait être par suite d'une grande affection pour son père, puisqu'elle l'avait à peine connu. Peut-être trouvait-elle que sa mère, après avoir été la vicomtesse de Beauharnais, la femme d'un général de la monarchie, d'un président de l'Assemblée nationale, dérogeait en épousant « un général de rue » inconnu la veille, et dont le nom italien était moins harmonieux que celui qu'elle avait porté jusque-là ; enfin et surtout, il lui répugnait, dans le milieu réactionnaire où elle vivait, de voir un général républicain, surtout le général *Vendémiaire*, qui avait si bien mitraillé les royalistes sur les marches de Saint-Roch, devenir son beau-père : que diraient les petites amies ?

L'histoire ne dit pas si Bonaparte vit sa belle-fille avant son mariage ; et, comme il partit pour l'Italie deux jours après, il est probable qu'il ne fit la connaissance d'Hortense qu'après son retour du congrès de Rastadt, en janvier 1798.

Hortense avait donc beaucoup pleuré pour le mariage de sa mère. Elle ne pouvait se défendre d'un grand éloignement pour ce beau-père qu'elle n'avait

1. Mme Campan, *Mémoires*, t. I, préface.

nullement désiré. Peut-être, par cette sorte de seconde vue qu'ont parfois les enfants, se doutait-elle que ce mariage n'avait rien de bien catholique; toujours est-il qu'elle commença par détester le général Bonaparte. Mais elle ne devait pas tarder à devenir fière, au milieu de ses compagnes, de cette parenté dont elle s'était sentie d'abord humiliée. Elle était l'objet des soins tout particuliers de Mme Campan, à qui cette élève en amenait de nouvelles. Le pensionnat, maintenant, avait pris un grand développement; les deux sœurs de Mme Campan, Mme Pannelier et Mme Rousseau, étaient venues lui apporter leur aide et leur collaboration; un aumônier, l'abbé Bertrand, qui devait plus tard devenir le précepteur du fils d'Hortense, le futur Napoléon III, y donnait l'instruction religieuse; de plus, les professeurs les plus distingués de Paris venaient chaque jour y faire des conférences et donner des leçons.

La maison d'éducation de Mme Campan était devenue l'établissement à la mode. Outre Hortense et sa cousine Émilie, outre les nièces de Mme Campan, il y avait Mlle Zoé Talon, qui devint plus tard Mme du Cayla, la célèbre favorite de Louis XVIII; Mlle Aimée Leclerc, sœur de l'adjudant général Leclerc, qui devait épouser plus tard le maréchal Davout; Mlle de Syré, qui devint Mme de Nicolaï; Mlle Hulot, qui fut la femme du général Moreau; Mlle Macdonald, fille du futur duc de Tarente; Mlle Isabey, fille du peintre; Mlle de Faudoas, parente de Mme Bonaparte, qui devait devenir la générale Savary, duchesse de Rovigo; Mlles de Valence, dont l'une fut plus tard la maréchale Gérard; Mlle Marbois, qui fut la duchesse de Plaisance. Un peu plus tard, Mlle Caroline Bonaparte, la plus jeune des sœurs du général, celle à qui l'avenir réservait la couronne de Naples, vint grossir l'élégant bataillon de ces jeunes filles destinées à régner non seulement sur les salons et sur les cœurs, mais, aussi, quelques-unes, sur des peuples et sur des rois.

Il ne semble pas que la morale ait été particulièrement soignée dans l'éducation que donnait Mme Campan à ses brillantes élèves, car il en est peu, parmi les jeunes filles qui viennent d'être citées, qui furent, dans la vie, des femmes de devoir, des femmes honnêtes. Mlle Zoé Talon, qui fut ce que l'on sait, n'avait aucun droit à ce titre; Mlle de Faudoas, devenue duchesse de Rovigo, devint aussi, à ce qu'assurent certains mémorialistes, maîtresse de Napoléon; Caroline Bonaparte, après avoir épousé Murat, faisait de la diplomatie d'alcôve avec Junot, avec Metternich, avec La Vauguyon, avec Daure, etc., pour assurer la réussite de ses projets machiavéliques; et Hortense elle-même, l'élève chérie de Mme Campan, ne montra pas une plus grande sévérité de mœurs.

A la fin de chaque année scolaire, Mme Campan donnait une grande fête dans son pensionnat. Les élèves les plus distinguées récitaient des pièces de vers, d'autres jouaient des comédies et la fête se terminait par un concert où l'on entendait les meilleures voix et les plus habiles pianistes et harpistes de l'établissement. Les parents des élèves y venaient en grande toilette, et les jeunes filles faisaient assaut d'élégance et de coquetterie pour paraître brillamment devant un auditoire tout constellé d'épaulettes, de plumets et de panaches.

Quand le général Bonaparte fut rentré à Paris, après son immortelle campagne d'Italie, Mme Campan

voulut le faire venir à son établissement : cette visite
aurait un retentissement énorme, et l'habile directrice ne dédaignait pas les coups de grosse caisse.
Elle profita donc du carnaval pour faire apprendre et
répéter *Esther* à ses jeunes élèves, imitant Mme de
Maintenon qui l'avait fait apprendre aux jeunes filles
de Saint-Cyr pour jouer devant Louis XIV. Le rapprochement, elle le pensait bien, ne devait pas
déplaire au général Bonaparte.

Elle distribua les rôles. Hortense, naturellement,
devait avoir celui d'Esther, Mlle Adèle Auguié eut
celui d'Élise ; ces deux amies semblaient faites pour
ces rôles. Leur grâce enleva tous les suffrages et
Mme Campan a écrit : « Le rôle d'Esther fut si bien
rendu par celle qui en était chargée, que cette pièce
excita un genre d'intérêt qu'elle perd nécessairement
sur les théâtres publics [1]. »

C'est après cette visite à la maison d'éducation de
Saint-Germain que le général Bonaparte, satisfait de
ce qu'il avait vu, confia à Mme Campan sa sœur Annunziata (Caroline), dont l'instruction avait été singulièrement négligée jusque-là.

Les parents des élèves avaient, à de certains jours,
la faculté de venir voir les petites pensionnaires. Le
jeune Louis Bonaparte, qui allait souvent visiter sa
sœur Annunziata, de même que Napoléon allait jadis
voir Marianne (Élisa) à Saint-Cyr, remarqua Mlle Émilie
de Beauharnais, cousine d'Hortense. Il en devint vite
amoureux et ses visites à Saint-Germain n'en furent
que plus fréquentes. Il a écrit plus tard que Mlle Émilie
était la plus belle personne qu'il ait jamais vue [1].

<hr>

1. Mme CAMPAN, *De l'Éducation*, t. I, p. 268.

2. *Documents historiques et réflexions sur le gouvernement de la Hollande*, Paris, 1820, t. I, p. 71.

C'est possible, mais, avec ses vingt ans, il en avait vu si peu!... Le général Bonaparte, qui n'en avait pas vu davantage quand il épousa la maîtresse de Barras, mais à qui l'expérience commençait à venir, fut informé par un ami, M. de Casabianca, du caprice de son jeune frère. Il voulut l'éloigner de Paris. Il le chargea d'une mission pour Toulon, et Mme Bonaparte, qui pensait déjà, à ce qu'on a assuré, à marier Hortense avec Louis, donna l'idée au général d'unir sa nièce Émilie à son aide de camp Lavalette. Bonaparte s'y prêta. Tout cela fut mené tambour battant et, huit jours après la première entrevue, le mariage se faisait. Le pauvre Louis dut renoncer à un rêve dans la réalisation duquel il s'était plu à voir le bonheur de sa vie.

Cependant le général Bonaparte partit pour l'Égypte. Après l'avoir accompagné à Toulon, sa femme se rendit à Plombières pour faire une saison d'eaux. On sait qu'un jour, étant sur son balcon avec plusieurs dames, le balcon céda sous leur poids : toutes ces dames furent précipitées sur le pavé. L'une d'elles, Mme de Cambis, se brisa la jambe; les autres n'eurent que des contusions sans gravité. Mme Bonaparte se releva toute moulue et crut qu'elle allait mourir. Elle envoya aussitôt chercher Hortense à Saint-Germain. Comme elle resta pendant quelques semaines avec ses bras endoloris, c'est sa fille qui, à table, la faisait manger comme on fait manger un enfant. Au reste, Hortense eut souvent un rôle maternel à remplir auprès de sa grande poupée de mère et plus d'une fois ce fut à elle de lui donner des conseils.

Hortense profita de cet accident pour s'accorder des

vacances et resta à Plombières les trois mois que
dura la cure de sa mère. Elle rentra avec elle à Paris,
à l'hôtel de la rue de la Victoire, vers la fin de septembre. Elle ne fera plus maintenant que de rares et
courtes apparitions chez Mme Campan.

Tandis que son mari était à la guerre, exposé aux
balles, aux boulets et à la peste, Joséphine cherchait
à passer son temps le plus agréablement possible.
Elle allait dans les « bals de société », comme la
mode alors était de le faire, et elle y emmenait sa
fille. Mais sa réputation plus que suspecte éloignait
d'elle quelques personnes et faisait du tort à Hortense.
Un soir, au bal de Thélusson, au bout de la rue Cerutti (aujourd'hui la rue Laffitte), Hortense venait de
danser avec le fameux M. de Trénis : cela prouve
qu'elle dansait bien, car ce virtuose de la danse n'ad-
mettait à l'honneur de danser avec lui que celles qui
pouvaient le faire valoir lui-même. M. de Trénis la
reconduisait à sa place, à côté de sa mère :

— Qui sont ces femmes-là ? demanda Mme de
Damas au vieux marquis d'Hautefort qui lui donnait
le bras.

— Comment ! vous ne reconnaissez pas la vicomtesse de Beauharnais ? C'est elle et sa fille. Elle est
aujourd'hui Mme Bonaparte. Eh ! mais... tenez, voici
une place à côté d'elle. Venez vous y asseoir. Vous
renouvellerez connaissance.

« Mme de Damas, pour toute réponse, donna une
telle secousse à M. d'Hautefort qu'elle l'entraîna,
malgré lui, dans l'un des petits salons qui précé-
daient la grande rotonde.

— Êtes-vous fou ? lui dit-elle, lorsqu'ils furent dans
l'autre pièce. Une belle place, vraiment, à côté de
Mme Bonaparte ! Ernestine aurait donc été forcée de

faire connaissance avec sa fille! Mais la tête vous
tourne, marquis!

— Ma foi! non. Que diable trouvez-vous de mal à
ce qu'Ernestine fasse connaissance, se lie même avec
Mlle Hortense de Beauharnais? C'est une charmante
personne; elle est douce, aimable...

— Qu'est-ce que tout cela me fait, à moi? Je ne
veux pas me lier avec de pareilles femmes; je n'aime
pas les gens qui déshonorent leur malheur [1]... »

Le fait est que Mme Bonaparte, dont la conduite
était plus que légère après comme avant son mariage
avec le général Bonaparte, méritait cet ostracisme
où la tenaient les honnêtes femmes. Tandis que son
mari était en Égypte, elle avait renoué des relations
avec M. Hippolyte Charles, son ancien amant d'Italie,
et l'avait installé à la Malmaison. Tout Paris s'en
amusait. Se rendant compte, par la froideur que lui
marquaient les membres de la famille Bonaparte, au
courant de ses fredaines, qu'ils ne manqueraient pas
d'en informer le général, Mme Bonaparte se rapprocha
de plus en plus de M. Gohier, l'un des membres du
Directoire, dans la pensée que son intimité avec lui
et sa femme éloignerait tout soupçon de l'esprit de
son mari et l'empêcherait d'ajouter foi aux choses
qu'on ne manquerait pas de lui raconter. M. Gohier
n'avait pas, pour la tenir à distance, les mêmes raisons de convenance que Mme de Damas, puisqu'il
avait épousé sa cuisinière. Mme Gohier était ainsi
devenue l'amie de Mme Bonaparte. Les déclassées et
les femmes légères ne sont jamais difficiles sur le
choix de leurs relations. Pour rendre l'amitié plus
intime, Mme Bonaparte songea même à marier Hor-

____

1. Duchesse D'ABRANTÈS, *Mémoires* (éd. Garnier), t. I, p. 366.

tense avec le fils Gohier. Mais les parents de celui-ci, qui voulaient bien avoir Mme Bonaparte et sa fille pour amies, n'en voulaient point pour parentes. N'ayant pas les mêmes raisons que Joséphine pour désirer cette alliance, ils repoussèrent nettement la main d'Hortense pour leur fils : Gohier ne se doutait pas alors qu'il serait, plus tard, consul général à La Haye, capitale du pays dont Hortense alors serait reine.

Toujours pour se procurer un appui, des défenseurs auprès de son mari, au moment redouté de son retour, Mme Bonaparte essaya alors de la donner au fils d'un autre directeur, Rewbell qu'elle croyait fort riche. Ce jeune homme était ami de son petit mauvais sujet de beau-frère, Jérôme Bonaparte, ce qui certes n'était pas une recommandation; il devait plus tard devenir général, se compromettre dans des affaires d'argent et des spéculations véreuses et, finalement, être cassé de son grade. Mais ce jeune homme déplaisait à Hortense qui ne voulut pas entendre parler du projet que sa mère formait pour elle, et d'un autre côté, Rewbell ne voulait pas d'elle pour belle-fille. « Nous sommes de bons Alsaciens, disait-il; nous ne sommes pas de force à nous mesurer en mariage avec la fille de Mme de Beauharnais et un beau-père corse [1]. »

Mme Bonaparte, dans son égoïsme, voulait se servir de sa fille comme d'un instrument pour consolider une situation qu'elle avait elle-même compromise par les plus inconcevables légèretés : pour cela, elle ne voyait qu'un mariage, lui convenant à elle-même, sans se préoccuper de savoir s'il convenait à sa fille. N'est-ce pas dans cette même pensée qu'elle essaiera,

---

1. BARRAS, *Mémoires*, t. III, p. 141.

Cliché Tallandier

Vue générale des jardins de la MALMAISON
d'après un dessin de CONSTANT BOURGEOIS

plus tard, de donner Hortense à Lucien, et qu'elle réussira, en fin de compte, à lui faire épouser Louis?

En attendant, elle sut tirer d'elle et d'Eugène un parti incroyable pour terminer, à son avantage, les scènes terribles qui signalèrent sa première entrevue avec son mari revenu d'Égypte.

Elle avait d'abord emmené Hortense, pour l'aider évidemment dans les difficultés qui pourraient s'élever entre elle et le général, lorsqu'elle alla au-devant de celui-ci à Lyon. Ne l'ayant pas rencontré, puisqu'il avait pris la route du Bourbonnais tandis qu'elle roulait sur la route de Bourgogne, elle était revenue au plus vite à Paris.

Lorsque le général, qui s'était enfermé dans son cabinet de travail, avait nettement refusé de la voir; lorsqu'elle se traînait à terre, heurtant de son front la porte derrière laquelle elle entendait son mari se promener à grands pas, en proie à la plus extrême agitation, une femme de chambre lui avait donné l'idée d'envoyer ses enfants au général. « Ils ne lui ont rien fait, il les aime, avait-elle dit, il ne pourra pas refuser de les recevoir. Et dès lors la partie est gagnée. » Sans se montrer plus honteuse que cela de l'ingérence de la domesticité dans ses querelles conjugales, Joséphine était vite allée chercher Eugène et Hortense; elle leur avait expliqué en quelques mots la situation, ce qu'elle attendait d'eux en cette délicate conjoncture, et les avait incontinent lancés à l'assaut du général.

Hortense et Eugène étaient allés frapper à la porte de leur beau-père.

— C'est nous, disaient-ils, c'est Hortense, c'est Eugène; ce sont vos enfants que vous aimez tant. N'abandonnez pas notre mère!... Elle en mourra!...

Et nous, pauvres orphelins, nous dont l'échafaud a déjà dévoré le protecteur naturel, faut-il que l'injustice nous prive de celui que la Providence nous avait envoyé?... [1] »

Les enfants réussirent, là où la mère avait échoué. La porte s'était ouverte : « Allez chercher votre mère! » avait dit le général; et la réconciliation entre les deux époux s'était faite. Mais Mme Bonaparte ne pensa jamais à être reconnaissante à ses enfants de l'immense service qu'ils lui avaient rendu. Certes, elle aimait Eugène et Hortense, qui se montrèrent toujours pour elle enfants affectueux et pleins de tendresse; mais il y avait une nuance d'égoïsme dans son affection, elle était trop personnelle pour les aimer autrement que d'une façon superficielle, et quand elle en avait le temps. « Mlle Hortense de Beauharnais, a écrit la duchesse d'Abrantès, était aimée de tout ce qui l'entourait. Sa mère était la seule qui semblât ne pas reconnaitre tout ce qu'il y avait de charmant et d'attrayant dans sa fille. Je ne prétends pas dire qu'elle ne l'aimait pas. Dieu me garde d'émettre une pareille pensée! Toutefois, j'ai mes souvenirs, et ces souvenirs me retracent des mots, des faits, des choses enfin qui, je le crois, n'admettent pas un amour de mère comme celui que devait inspirer Hortense de Beauharnais [2]. » Mme de Rémusat confirme ce jugement quand elle dit : « Il y avait de l'amitié entre Mme Bonaparte et sa fille; mais elles se ressemblaient trop peu pour s'entendre... Ces deux personnes se sont aimées, mais je crois qu'elles ne se sont jamais comprises [3]. » Il y avait, quoi qu'en dise

1. Duchesse D'ABRANTÈS, *Mémoires*, t. II, p. 104.
2. *Ibid.*, p. 416.
3. Mme DE RÉMUSAT, *Mémoires*, t. III. p. 250.

Mme de Rémusat, beaucoup de ressemblance entre Hortense et sa mère, mais Hortense, avec plus d'intelligence, avait les aspirations plus élevées bien que tenues pour ainsi dire en laisse par la chaine de l'atavisme maternel. Hortense, on l'a dit, c'était sa mère en blonde.

La réconciliation entre Bonaparte et sa femme avait été complète. Le général, oubliant les torts de Joséphine, la prit pour auxiliaire dans son projet de coup d'État ; sa femme, les oubliant non moins bien, le servit de son mieux. Ses plans s'exécutèrent, le 18 Brumaire se fit et la France fut livrée à l'arbitraire, d'un homme de génie, il est vrai, mais à l'arbitraire.

Ces grands évenements n'empêchaient pas Mme Bonaparte de songer à ses petits intérêts. Voyant que son mari avait pris une place prépondérante dans l'État, elle ne songea plus qu'aux moyens de conserver le haut rang auquel elle était associée. Ne s'était-elle pas vue, au retour d'Égypte, sur le point d'être répudiée ? Oh ! ce divorce ! elle l'eut toujours maintenant devant les yeux !...

Elle avait déjà essayé de consolider sa situation, pendant l'absence du général, en proposant la main de sa fille aux Gohier pour leur fils, à Rewbell pour le sien. Mais personne n'était tenté d'entrer dans la famille de l'ancienne maîtresse de Barras, de cette femme qui, pendant que son mari était à la guerre, le trompait effrontément aux yeux de tout Paris. La fille d'une telle femme n'offrait guère de garanties de bonheur à un mari, et l'on peut dire que c'est à l'inconduite de sa mère qu'Hortense dut son mariage avec un homme qu'elle ne pouvait souffrir.

Joséphine, elle, s'inquiétait peu des causes pour

lesquelles on refusait sa fille. Toute à son projet, elle ne voyait en elle qu'un moyen de fortifier sa propre situation en lui faisant faire un mariage intelligent. Aussi, à peine réconciliée avec le général, essaya-t-elle de la fiancer au jeune Jérôme, son beau-frère. Il ne pouvait encore être question de mariage, puisque Jérôme n'avait pas plus de quinze ou seize ans, mais une promesse de mariage suffisait à rassurer momentanément Joséphine et à assoupir les animosités des Bonaparte contre elle. Feraient-ils la guerre à la mère de la fiancée de l'un d'eux? Evidemment non. Il n'y aurait pas grande tendresse tout d'abord entre les deux familles, mais peu à peu les préventions tomberaient et la cordialité finirait bien par s'établir sur les ruines du passé. Le projet n'était pas mauvais; M. de Bourrienne l'avait inspiré à Mme Bonaparte et celle-ci en avait parlé à son mari. Elle en avait aussi parlé à sa fille en lui recommandant d'être aimable pour Jérôme, et elle-même flattait son petit mauvais sujet de beau-frère et l'envoyait au jardin jouer avec Hortense. Celui-ci ne se le faisait pas dire deux fois et allait retrouver sa jolie « demi-sœur »; il courait après elle dans les allées, l'attrapait par ses tresses blondes, et Hortense, interdite, s'arrêtait et regardait avec ses yeux violets étonnés l'entreprenant petit drôle que sa mère lui destinait pour époux. Mais Jérôme ne s'engagea pas trop à fond. Lucien avait percé à jour les plans de sa belle-sœur et avait fait part à la famille de ce qu'il avait découvert. On mit Jérôme en garde contre les avances de Joséphine et les coquetteries d'Hortense, et, pour une fois peut-être en sa vie, Jérôme fut raisonnable. Il avait une excuse : il était si jeune!

A peine consul, le général Bonaparte quitta son

hôtel de la rue de la Victoire et vint s'installer au
Petit-Luxembourg. Hortense y eut son appartement,
pour passer les congés que lui accordait si libérale-
ment Mme Campan; elle en avait un autre à la Malmaison, mais fort modeste : une chambre et un cabinet très simplement meublés, et c'était tout; c'était
suffisant aussi.

Le premier consul ne resta pas longtemps au Petit-
Luxembourg; son ambition s'y trouvait à l'étroit. Il
le quitta le 19 février 1800 pour s'établir définitivement aux Tuileries. Il se réserva le premier étage.
Hortense et sa mère se logèrent à l'entresol. L'appartement d'Hortense se trouvait à côté du cabinet de
toilette de sa mère; comme celui de la Malmaison, il
ne se composait que de deux pièces : l'une, sa
chambre à coucher, donnait sur le jardin; l'autre,
son atelier, contenait des chevalets, des toiles ébau-
chées, des études et une collection de ces bibelots
que les artistes se plaisaient déjà à jeter avec profu-
sion dans leurs ateliers. C'est là qu'Isabey venait lui
donner ses leçons.

Le jour de la prise de possession des Tuileries par
le premier consul marqua dans la mémoire des contemporains. Une revue superbe fut passée dans la
cour du Carrousel, et, tandis que le conquérant de
l'Italie était salué des acclamations enthousiastes du
peuple et de l'armée, Hortense et sa mère, Mme de
Lavalette, Mme Murat, tout nouvellement mariée,
étaient aux fenêtres du pavillon de Flore, saluant de
leurs mouchoirs le peuple qui les acclamait et faisant
gracieusement voltiger en l'air de légères écharpes
de soie.

Hortense était vraiment charmante à cette époque
de sa vie. Sa taille était ronde, souple et élancée; ses

cheveux fort longs et d'un blond exquis : elle les tressait à l'ordinaire en grosses nattes qui lui tombaient bien bas le long du dos. Ses yeux étaient bleus, violets plutôt, et pleins de charme ; elle semblait se mouvoir dans une atmosphère de grâce toute attirante. Elle avait alors dix-sept ans. Sa beauté consistait surtout dans la fraîcheur de son teint de blonde et dans l'élégance avec laquelle elle faisait tous ses mouvements. Malheureusement, ses dents étaient longues et saillantes et se gâtèrent rapidement. Ses pieds étaient jolis, toujours admirablement chaussés, ce qui les faisait paraître encore plus jolis, et ses mains très blanches ; ses ongles, bien bombés, avaient une jolie couleur rosée. Elle les soignait beaucoup, c'était une de ses coquetteries, et les laissait fort longs. Avec cela, sa parole était agréable, douce ; on voyait qu'elle cherchait à plaire, qu'elle s'étudiait à être aimable pour chacun, et on lui était reconnaissant de cet effort qui ne se sentait qu'un tout petit peu, assez pour souligner sa volonté de plaire. D'ailleurs, elle était généralement gaie, rieuse et pas trop moqueuse. Elle avait un autre mérite, celui d'être indulgente, et chacun l'appréciait, car il n'est pas très commun dans le camp enjuponné. Cela ne l'empêchait pas parfois de lancer des pointes assez malicieuses, car, si elle était bonne, elle ne manquait pas d'un certain esprit, et, dans le cours de la conversation, elle laissait échapper parfois des mots assez piquants, mais jamais trop méchants. Son défaut était de manquer de franchise, de n'être pas *vraie*. Sa nature était un peu celle d'un artiste : elle avait des dispositions pour le dessin et barbouillait, paraît-il, assez gracieusement un paysage. Elle avait un goût plus prononcé pour la musique et passait des heures

entières à tapoter son piano. Elle jouait et chantait
assez volontiers, mais sans suite, modifiant un thème,
faisant des variations sur un autre, et l'on disait
alors, avec une complaisante admiration, qu'*elle
composait !* Elle mit même son amour-propre à faire
répéter partout, avec une feinte modestie de bon
goût, que ses talents l'eussent placée au premier
rang des femmes de son temps, si elle ne s'y fût
trouvée déjà par la haute fortune de son beau-père.
Cette ambition, à elle seule, prouvait qu'Hortense
avait tout au moins de l'amour-propre; malheureusement, cet amour-propre était assez compliqué de
vanité, quoiqu'elle se défendît d'en convenir.

Entre autres talents, Hortense avait celui de bien
jouer la comédie : c'est peut-être pour cela qu'elle fut
un peu comédienne toute sa vie. On jouait souvent
la comédie dans la famille consulaire. Le général Bonaparte aimait beaucoup cette sorte de divertissement
qui le délassait agréablement de ses travaux. La
troupe de la Malmaison se composait principalement
d'Eugène de Beauharnais, qui réussissait surtout
dans les rôles de valets, de Lauriston, Didelot, Bourrienne, Isabey, et, en femmes, de Caroline Bonaparte,
des demoiselles Auguié et d'Hortense. Celle-ci était
de beaucoup la meilleure actrice. Le répertoire de la
troupe n'était pas très varié, mais il était en général
bien choisi. On osait aborder le *Barbier de Séville;*
Isabey excellait dans Figaro et Hortense remplissait
à ravir le rôle de Rosine. On joua aussi le *Dépit amoureux,* puis d'autres pièces, la *Gageure imprévue,* les
Fausses consultations, Défiance et Malice; etc. Hortense
se tirait de tous ses rôles avec une aisance charmante
et un véritable talent : elle recueillait chaque fois des
applaudissements unanimes.

Ce n'était pourtant pas une chose de peu d'importance que de jouer devant cet auditoire de la Malmaison qui, peu à peu, s'éleva jusqu'au nombre de trois cents personnes. Mais, sûre d'elle-même, comptant aussi sur une indulgence dont elle n'avait pas besoin sur ce chapitre, Hortense jouait avec un grand naturel et tout l'aplomb des actrices de profession; plus qu'elles, elle avait la distinction des manières et du langage.

La même grâce, Hortense l'apportait à aider sa mère dans le soin de faire les honneurs de la table du consul aux dîners de cérémonie qui se donnaient à la Malmaison tous les mercredis; elle l'avait aussi, mais avec plus d'entrain encore, dans les bals que l'on y donnait fréquemment. Elle brillait au milieu de toutes les jeunes femmes qui formaient la petite cour consulaire, cour étincelante d'épaulettes, de galons d'or, de blanches épaules et de jeunes visages. « Lorsque cette belle troupe, a écrit une femme qui en fit partie, était vêtue de robes de crêpe blanc garnies de fleurs, coiffée de guirlandes aussi fraîches que le teint de ces jeunes visages riants, gracieux et beaux de gaieté et de bonheur, c'était un charmant et remarquable coup d'œil de voir la danse animée et joyeuse dans ces salles que parcouraient en même temps le premier consul et les hommes avec lesquels il pesait les destinées de l'Europe. [1] »

Et ce n'était pas un moins gracieux spectacle de voir cette même troupe, pendant les beaux jours de l'été ou de l'automne, se répandre en courant sur les pelouses de la Malmaison, se diviser en deux camps et jouer aux *barres*, comme des échappés de collège.

---

1. Duchesse d'ABRANTÈS, *Mémoires*, t. III, p. 402.

Et, dans ces parties de barres comme au bal, Hortense donnait l'exemple de l'entrain : elle courait comme un poulain échappé et son pied, non plus que celui d'Atalante, ne laissait de trace sur l'herbe de la pelouse.

La veille du jour où la famille consulaire s'installa aux Tuileries, Mme Campan, qui ne perdait pas de vue ses anciennes élèves, surtout celles d'un haut rang social, écrivit à Hortense, comme pour exercer sur elle une sorte de patronage. A vrai dire la direction que Mme Bonaparte pouvait lui donner était absolument nulle, et Mme Campan n'avait pas tort de se substituer à elle dans son rôle maternel.

« Vous voilà bientôt, ma chère Hortense, lui écrivit-elle, transportée d'une modeste et agréable habitation dans le palais le plus célèbre de l'univers. Les grâces et la vertu bien prononcées sont bien placées partout, et la mémoire et la raison suffisent en nous retraçant les faits historiques et en sachant en profiter, pour empêcher l'orgueil de venir troubler notre bonheur quand le hasard nous porte à habiter ces superbes demeures. Leurs murailles parlent à nos yeux et doivent instruire nos cœurs. Il faut suivre sa destinée avec simplicité et en même temps avec une juste élévation ; mais ces monuments retracent seulement des grandeurs évanouies et des malheurs éclatants. Que de soupirs ont été poussés du fond du cœur, que de larmes ont été versées sous ces toits dorés ! Catherine de Médicis, avec sa politique astucieuse et ses fêtes calculées, ne pouvait y être heureuse. Anne d'Autriche se sauva de ces murs pour fuir les fureurs ou plutôt les égarements de la Fronde. Louis XVI y vit la faiblesse de son caractère, servant la volonté populaire, entraîner les restes de sa grandeur. Voilà ce que doivent rappeler ces enceintes, pour les contempler d'un œil non ébloui. [1] »

Mme Campan prévoyait que la vie toute en dehors qu'allait mener à l'avenir son ancienne élève, pourrait lui faire oublier la simplicité qu'on doit garder dans le rang le plus élevé aussi bien que dans le plus humble; elle avait raison de la lui rappeler, en lui rappelant en même temps les leçons de l'histoire. La vie que commençait à mener Hortense était, en effet, une vie très en l'air. Les dîners, les bals, les fêtes de toute sorte, se succédaient pour elle avec une enivrante rapidité. Aujourd'hui c'était aux Tuileries, demain chez Lucien au Plessis-Chamant, puis chez Joseph à Mortefontaine. A peine rentrée à Paris, il lui fallait courir dîner chez Mme de Montesson, le lendemain déjeuner chez Mme de Vaisnes, femme d'un conseiller d'État, amie de sa mère, pour laquelle le premier consul avait une estime toute particulière. La voyant lancée dans ce tourbillon mondain, dans cette fièvre de plaisirs qui s'était emparée du Tout-Paris de l'époque, Mme Campan, institutrice dans l'âme, ne manque pas l'occasion d'envoyer encore de bons conseils à la jeune fille :

« Vous voilà donc, ma chère Hortense, dans un tourbillon qui vous entraîne à l'habitude de déjeuner sept jours de la décade en ville, plus le décadi et le primidi à la Malmaison! Il ne faut plus penser à vos maîtres; il faut dire adieu à toute occupation; il faut consentir à ce que Paris entier dise que vous êtes livrée au tourbillon du monde, si cela continue, à moins que vous n'ayez le courage et la tenue de

---

1. *Correspondance de Mme Campan*, t. I, p. 28, lettre du 29 janvier 1800.

résister à ce tourbillon dangereux, où vous entraîne même votre maman, par le plaisir bien naturel de vous avoir avec elle. Mais prenez-y garde, mon Hortense, ces gens qui vous invitent ne le font pas pour vous, mais bien pour eux, parce que vous êtes la personne du jour, titre effrayant pour quiconque réfléchit, car il indique, par son sens, que cette faveur est passagère[1]. »

Il semble que Mme Campan n'ait pas été mal avisée de mettre en garde son élève, qu'elle devait bien connaître, contre l'entraînement du monde, puisque ce tourbillon, — c'est le mot que se plaît à employer Mme Campan — ne laisse pas le temps à Hortense de prendre ses crayons et ses pinceaux, encore moins sa plume pour répondre aux lettres qu'elle reçoit. La preuve en est dans les lignes suivantes que l'infatigable institutrice lui envoie :

« Je ne me rebuterai pas, j'écrirai, je gronderai, j'instruirai, et enfin j'obtiendrai qu'on écrive à son tour et qu'on ne se laisse pas tranquillement adorer et gâter[2]. »

Une fois le premier étourdissement de tant de fêtes et de grandeurs calmé, Hortense recouvrera son sang-froid et ne négligera plus autant sa correspondance. Quant à Mme Campan, elle n'a garde de laisser dormir sa plume : elle envoie toujours par la poste bonne provision de conseils, comme si son ancienne élève en avait le plus urgent besoin :

« Conservez, lui dit-elle, votre modeste extérieur, et dans le maintien et dans la parure. Tant que vous n'êtes pas mariée, vous n'avez pas d'état à tenir. Ne

---

1. *Correspondance de Mme Campan*, t. I, p. 45, lettre du 29 mars 1800.
2. *Ibid.*, p. 52.

frappez les yeux des étrangers que par votre simplicité; soyez d'une grande politesse. Craignez vos distractions : on ne les jugera jamais favorablement.
Quand les grands du temps passé étaient impolis,
ils disaient qu'ils avaient été distraits; aussi l'excuse
n'a plus de valeur, même quand elle est réelle; elle
est usée [1]. Soyez attentive avec les femmes âgées,
ce sont elles qui font la réputation des jeunes personnes; et, en général, la jeunesse se livre trop dans
les cercles au penchant de rejoindre la jeunesse. Donnez aussi des marques d'une grande bienveillance
aux femmes de province, aux étrangères dont vous
remarquerez aisément la gêne et l'embarras dans le
cercle de votre maman, et qui y sont introduites à
raison de l'état de leurs maris : que d'autels vous
vous élèverez dans ces cœurs qui, s'ils ne sont pas
formés aux manières et aux usages du grand monde,
n'en sont que plus purs. Hélas! les malheurs que la
calomnie a attirés sur une tête qui m'a été bien
chère [2], n'ont eu pour principe que la faiblesse de rire
des vieux bonnets, et la bassesse des femmes de
cour qui, pour lui plaire, excitaient et faisaient naître
ces funestes moqueries.

« Votre situation ne doit pas vous éblouir; ce
serait un grand malheur pour vous, ma chère enfant; mais elle doit vous porter à vous pénétrer des
devoirs qui y sont attachés. Tout ce qui a existé
avant vous, dans les palais que vous habitez, n'a
croulé uniquement que pour avoir voulu jouir des
avantages de sa position, sans en reconnaître et sans
en sentir les charges. Ne vous mêlez jamais d'affaires; c'est ce que vous pouvez faire de plus sage

1. Mme Campan eût mieux fait de dire qu'il ne faut jamais mentir.
2. Marie-Antoinette.

au monde; mais dites-le avec franchise, et ne laissez jamais espérer vainement; on finirait par vous taxer de mauvaise foi; et lorsque vous promettez de parler à votre maman pour quelque chose qui intéresse votre cœur ou votre sensibilité, rendez réponse avec exactitude et sincérité[1]. »

A la bonne heure! Voilà des conseils pratiques, et si le premier consul a lu cette lettre, il a dû reconnaitre la justesse de vue de Mme Campan; il aurait même pu faire lui-même son profit de plus d'un de ces conseils. Hortense, elle, n'en profite que peu. A son âge, d'abord, on n'en comprend pas encore la portée. Il faut être plus avancée qu'elle ne l'était dans l'existence, avoir acquis déjà quelque expérience, et à ses dépens, pour pouvoir faire dans la pratique de la vie, l'application de semblables maximes. Elle faisait cependant de son mieux, cherchait à être simple et naturelle, n'était presque pas *poseuse* et réussissait à plaire, mais, il faut le reconnaitre, plus aux hommes qu'aux femmes.

Mme Campan, flatteuse du pouvoir malgré ses beaux sermons, écrit encore, à propos d'une lettre par laquelle Hortense lui annonçait la signature de la paix d'Amiens :

« Vous êtes un ange de m'avoir envoyé la nouvelle de la signature de la paix. Vive Bonaparte! sera le cri de toute âme pure, qui aime non seulement son pays, mais l'humanité. Quelle attitude est la sienne en ce moment! Pacificateur de l'univers! Auprès de quel homme vous vivez! Quel nom glorieux vous portez, ma chère enfant! N'en conservez pas moins votre extrême simplicité; qu'elle soit belle au milieu de la gloire! Qu'il est sot de devenir maniérée avec

1. Lettre du 24 février 1801, t. I, p. 440.

un pareil entourage! Il relève assez par lui-même; et lorsqu'on le tempère par les habitudes simples et modestes, on attire avec les hommages un respect, un amour, un sentiment qui valent cent fois mieux, et qui font que tout le monde vous loue, sans être jaloux de vos avantages. Voilà de grandes vérités; peu de gens les sentent, parce qu'il y a peu de gens qui unissent l'esprit à la bonté, et qu'on leur dit : « *Il vous faut de la dignité.* » Il en faut au chef du gouvernement, oui sans doute; mais à toute autre personne placée auprès de lui, c'est la décence des habitudes qui fait sa dignité. D'ailleurs, vous avez toutes l'extérieur de la grande richesse, et cela est à la fois nécessaire et suffisant : mais la bouffissure, l'air ennuyé, le salut de ci-devant princesses, etc., ah! fi! fi! ce n'est pas cela, et vous ne tomberez jamais dans ce plat étalage qui cache la médiocrité, en faisant disparaître ce qui le ferait pardonner, la bonté d'âme. Ceci pour nous deux, ma chère enfant; je me livre d'abondance à mes réflexions; j'écris aussi vite que je peux, et c'est pour vous seule : on croirait que je critique quelques personnes; j'en suis à cent lieues; ce sont des réflexions que j'ai faites, il y a bien des années[1]. »

Il n'est pas certain que Mme Campan ait désiré que cette lettre restât entre elle et son élève; peut-être même ne le lui dit-elle que pour qu'elle la montre au premier consul. Du reste, cette lettre est parfaite.

Mme Campan, pour avoir peut-être un prétexte d'écrire à Hortense, peut-être aussi parce que son ancienne élève a besoin d'être chapitrée sur plus d'un chapitre, celui de la coquetterie surtout, lui écrit encore :

1. Lettre du 27 mars 1802, t. I, p. 205.

« Bon ton dans le rang élevé, comme dans la société privée; de la dignité sans hauteur, de la politesse sans fadeur, de la confiance sans hardiesse, du maintien sans raideur, des grâces sans affectation, de la réserve sans pruderie, de la gaieté sans bruyants éclats, de l'instruction sans pédanterie, des talents sans prétention et de l'envie de plaire sans coquetterie[1]. »

Le premier consul devenant de plus en plus souverain sans avoir encore pris le titre d'empereur, la situation d'Hortense en recevait naturellement de plus en plus d'éclat. Elle est presque princesse et le sera bientôt tout à fait. La perspicace institutrice lui continue ses lettres et ses conseils; elle en hausse le ton au niveau du rang de son ancienne élève; elle lui attribue une influence sur les lettres et les arts, ou du moins elle l'engage à la prendre; elle lui recommande de les protéger, mais la met en garde en même temps contre certains écueils auxquels se heurtent parfois les protecteurs de tout cela :

« N'allez pas croire que, en aimant les arts, je ne juge pas les artistes; vous vous tromperiez. Je sais qu'il n'y a pas d'êtres plus vains, plus orgueilleux; qu'ils veulent absolument marcher sur la ligne des premiers personnages; mais l'histoire de tous les siècles les autorise dans cette prétention et la leur rend légitime. Vous ne rencontrerez pas le nom d'un grand prince, d'un grand conquérant dans l'histoire, qu'à sa suite et sans aucune ligne de démarcation, vous ne trouviez les noms des grands hommes de son siècle. Alexandre, Périclès, marchent avec Apelles, Zeuxis, Phidias; Auguste, César, ne sont jamais

1. *Correspondance*, t. I, p. 228.

nommés sans Virgile, Horace, etc; François Ier va visiter Léonard de Vinci; l'éclat du nom de Louis XIV se relève par les noms de Racine, Boileau, Lesueur, Lebrun, Perrault, etc... Voilà leurs titres; ils sont anciens et respectables, et cependant je ne les fais valoir à vos yeux que par l'intérêt que je porte à vous et au premier consul. Les princes qui ont senti cette vérité ont été servis par eux. Eux seuls portent au loin les renommées. La plume, le ciseau, le pinceau, voilà ce qui donne en entier cette récompense de l'avenir, si justement désirée par des cœurs généreux. Je vous ai dit cent fois que Louis XVI et Marie-Antoinette, les derniers, les plus infortunés de tous les monarques, n'avaient fait que des fautes politiques, et que leur vie privée les ferait toujours chérir par ceux qui les ont approchés. Une des grandes fautes de la reine a été de ne servir que la musique, parce qu'elle l'aimait, et les modes, parce qu'elle aimait la parure. Peinture, poésie, arts, manufactures nationales, jamais on n'a pu lui faire entendre un mot de tout cela[1]. »

Enfin l'Empire va être fait. Dans cette suprême élévation, Hortense aura des devoirs nouveaux. Mme Campan n'a garde de l'oublier, si son élève n'y songe point, et l'occasion est trop belle pour qu'elle n'en profite pas : la plume, on dirait, lui démange. Aussi écrit-elle à Hortense, à propos de cette élévation :

« Il faut la faire chérir de tout le monde, et c'est une tâche bien difficile à remplir. L'égoïsme règne si généralement dans tous les cœurs, que le rang, la richesse, l'éclat blessent presque tous les hommes.

1. *Correspondance*, t. I, p. 198.

La DUCHESSE DE GUICHE
d'après le tableau de Madame VIGÉE-LEBRUN

Il faut donc, en quelque sorte, se faire pardonner ces avantages par une politesse, une affabilité extrêmes, et surtout en ne se croyant dégagée d'aucun des devoirs de la société. Vous connaissez ce que l'étiquette établit; ainsi vous ne risquez pas de vous y tromper. Votre pureté, votre haine pour l'intrigue vous portent, avec le tact que vous avez, à discerner les intrigants; vous ne courez donc aucun risque de vous compromettre de ce côté; mais tout ce qui est attention, politesse, service sincère, mémoire pour servir ceux que vous aimez et estimez, devoirs dans votre société habituelle, tout cela doit vous occuper sérieusement, et la paresse ou le mauvais emploi du temps, qui fait gaspiller des journées précieuses, nuisent à l'acquittement de ces devoirs si essentiels[1]. »

Mme Campan, en donnant tous ces conseils à Hortense, savait bien que sa mère était incapable de les lui donner, elle, qui gaspillait le temps avec la même insouciance que l'argent; elle savait aussi qu'Hortense, qui venait de se marier et dont le ménage était loin de bien marcher, avait plus que jamais besoin de conseils : malheureuse, en ferait-elle mieux son profit que dans la prospérité ?

Grâce à cette correspondance si habilement faite pour toutes les deux, Mme Campan, dont Hortense montrait les lettres au premier consul, s'était créé une véritable influence aux Tuileries. Qu'on ne croie pas cependant que ses louanges au général Bonaparte fussent d'un ton exagéré : il y en avait de bien autrement éhontées, et les *Mémoires* du temps, même ceux

1. *Correspondance*, t. I, p. 220.

écrits par des royalistes, en fournissent mainte preuve qu'il serait trop long de citer ici [1].

Hortense était heureuse de tant de grandeurs, bien qu'elles ne fussent point octroyées par un roi légitime. En effet, « elle passait pour ne se plaire que dans la société royaliste et détester les nouvelles grandeurs de son beau-père [2]. » Elle n'allait plus que rarement, le moins qu'elle pouvait, à son pensionnat de Saint-Germain, et son éducation pourtant n'était pas terminée. Il lui était assurément agréable, chez Mme Campan, de recevoir les attentions empressées de ses compagnes : les enfants sont courtisans presque autant que les grandes personnes, et Hortense aimait assez à recevoir les hommages de la petite cour que lui formaient déjà les élèves de Saint-Germain ; mais elle aimait encore mieux recevoir ceux des aides de camp de son beau-père, des généraux, des ministres, des personnages qui peuplaient le salon du premier consul. Car, belle-fille de Bonaparte, elle aussi était devenue un personnage : elle trônait au salon à côté de sa mère, elle l'accompagnait au théâtre : on sait qu'elle était auprès d'elle, dans sa voiture, lors de l'attentat du 3 nivôse et qu'elle reçut un éclat de glace brisée au visage. On parlait devant elle des intérêts généraux de la France, de la Constitution en préparation, du Conseil d'État, de la politique. On parlait aussi d'autres choses qui l'intéressaient davantage, mais qu'il eût été préférable qu'elle n'entendît point, et elle était au courant de

1. Voir notamment : Mme DE STAEL, *Dix Années d'exil*, ch. VIII ; FAURIEL, *Les Derniers Jours du Consulat*, manuscrit inédit publié par L. Lalanne, p. 42 ; MIOT DE MÉLITO, *Mémoires*, t. II, p. 105.

2. Mme DE CHASTENAY, *Mémoires*, t. I, p. 419.

tous les scandales parisiens. On la consultait même parfois sur des choses de politique intérieure ou plutôt tout intime, de la politique de famille. C'est ainsi qu'on lui demanda son avis sur le projet de mariage de Caroline Bonaparte avec le général Murat.

Un mariage dans la famille émoustilla quelque peu cette petite jeune fille qui ne demandait qu'à s'émanciper. Les grandeurs, les lettres sérieuses de Mme Campan ne l'empêchaient point de rêver au mariage, ou plutôt à un mari, ce qui n'est peut-être pas tout à fait la même chose. Elle avait la prétention de le choisir elle-même, toute seule. Etant très au fait des choses de la vie — trop tôt, bien certainement — et « fort avancée pour son âge dans la connaissance des choses d'ici-bas[1] », « elle rêva dès sa première jeunesse qu'une femme qui voulait être sage et heureuse ne pouvait épouser que l'homme qu'elle aimerait passionnément[2] ».

Elle était, à ce moment même, aimée passionnément ; mais hélas ! c'était par un pauvre fou. Ce malheureux, appartenant à une famille distinguée, rôdait sans cesse autour de la Malmaison, devant les portes des Tuileries, à la sortie des théâtres où elle accompagnait sa mère. Dès qu'il apercevait Mlle de Beauharnais, il se mettait à courir à côté de la voiture, se tenait à la hauteur de la portière, lui jetait, si la glace était baissée, des fleurs, des pièces de vers, voire même des boucles de ses cheveux. Si Hortense sortait à pied, la passion du pauvre homme se manifestait d'une autre manière : il se jetait à genoux devant elle en mettant la main sur son cœur, se

1. Th. Iung, *Lucien Bonaparte et ses Mémoires*, t. II, p. 268.
2. Mme de Rémusat, *Mémoires*, t. I, p. 67.

relevait, la suivait et lui faisait de si folles déclarations que c'était à croire qu'il n'était pas plus insensé que les autres hommes.

Hortense, tout d'abord, s'amusa beaucoup des divagations du malheureux. Elle était en cela comme sa mère qui prenait plaisir à entendre les propos extravagants de ces pauvres malades [1]; elle prenait les fleurs qu'il lui jetait par la portière, elle riait des vers qu'elle recevait par la même voie, et, comme elle donnait l'exemple, les dames qui l'accompagnaient riaient à qui mieux mieux. A la fin, pourtant, elle se lassa d'une telle constance chez *son amoureux*; ses poursuites lui devinrent insupportables; elle se plaignit : le pauvre fou fut arrêté et mis dans une maison de santé.

Mme Bonaparte cependant s'occupait de marier sa fille. Toute à son idée de lui faire épouser un Bonaparte, elle ne s'entourait pas moins des jeunes gens à la mode qui pouvaient faire un mari pour Hortense et qui, en attendant, lui faisaient la cour à elle-même. La plupart de ces jeunes gens appartenaient à des familles royalistes, et la cour qu'ils faisaient à la femme du premier consul et à sa fille était le plus souvent fort intéressée : n'étaient-elles pas en effet disposées le mieux du monde à accueillir les sollicitations, à recommander les pétitions que les émigrés rentrés adressaient au chef du gouvernement ? N'étaient-elles pas, comme le disait le premier consul, « toujours en attendrissement au nom du roi et de l'ancienne cour [2] »? Et Hortense, qui, à Saint-Germain où elle avait décidément cessé d'aller, était

1. Voir *l'Impératrice Joséphine*, p. 150.
2. Mme DE CHASTENAY, *Mémoires*, t. I, p. 452.

connue pour ses sentiments royalistes, recevait, elle
aussi, des sollicitations au moins autant que des
hommages. Mme Campan lui écrivait souvent pour la
prier de recommander au premier consul telle ou
telle de ses protégées [1] ; elle le faisait toujours, car
elle était obligeante, surtout pour les royalistes, et le
premier consul, qui lui accordait toujours ses demandes, l'appelait, dans ses moments de gaieté, sa
petite Vendéenne [2], sa *petite Chouanne* [3]. Il la plaisantait
alors sur son royalisme. Un jour, comme il regardait
et maniait son épée devant elle, Hortense lui dit :
« Il y en a une autre qui vous irait bien mieux. — Et
laquelle ? — Celle de connétable [4]. » Le premier
consul avait souri, mais il avait noté en même temps
dans sa mémoire cette tendance royaliste chez sa
belle-fille. Il vit qu'on lui attribuait la pensée de
rétablir les Bourbons. Et, en effet, Joséphine et Hor-

1. « Dites à votre chère maman que Mme de Poix, qui a passé
la matinée avec moi hier, lui recommande bien Mme *** pour la
première radiation ; elle est veuve, n'a rien en France, aime son
pays pour ses amis ; il n'y a réellement nulle conséquence à
presser son affaire. » (*Correspondance de Mme Campan avec la
reine Hortense*, publiée par M. Buchon, t. I, p. 77). « Ma chère
Hortense, vous trouverez ci-jointe une lettre de Mme de Los-
tanges qui paraît avoir à réclamer auprès de votre maman un
service bien essentiel pour la radiation définitive de M. de Nicolaï, son oncle, le seul des trois frères qui ne soit point tombé
sous la hache de Robespierre. Je lui ai conseillé d'aller vous
voir. » (*Ibid.*, p. 116). « M. Gruel, neveu de Mme de Lhôpital,
ma chère Hortense, a été arrêté, il y a dix à douze jours, par
mesure de sûreté, comme chouan amnistié ; mais il a été inter-
rogé et j'ai la certitude qu'on ne trouvera en lui qu'un être fort
innocent, rentré uniquement pour avoir du pain par la famille
de sa femme. J'en ai déjà parlé à votre maman ; je lui demande,
dans cette lettre, de le recommander vivement pour une prompte
sortie. » (*Ibid.*, p. 137). Etc., etc.
    2. Baron DE VITROLLES, *Mémoires*, t. I, p. 30.
    3. Comte DUFORT DE CHEVERNY, *Mémoires*, t. II, p. 430.
    4. Baron DE VITROLLES, *Mémoires*, t. I, p. 30.

tense l'y poussaient de toutes leurs forces. On était au plus fort des intrigues monarchistes et Hortense tenait bannière levée pour ce parti. Déjà les royalistes avaient fait faire par deux d'entre eux, MM. Hyde de Neuville et d'Andigné, une démarche auprès de Bonaparte pour sonder ses intentions [1]. Le comte d'Artois, de son côté, en avait fait faire une autre, mais par une femme, la charmante duchesse de Guiche, auprès de la générale Bonaparte. Celle-ci avait été si flattée de la démarche, qu'elle s'étonna fort que son mari n'accueillit pas avec enthousiasme les ouvertures du comte d'Artois. Cependant, d'après Bourrienne, l'appel du chef de la maison de France n'avait pas été sans faire quelque effet sur le premier consul : « Je dois dire, écrit-il, que Joséphine et Hortense le conjurèrent de donner de l'espoir au roi, que cela ne l'engageait à rien et lui laisserait le temps de voir s'il ne pourrait pas par la suite jouer un rôle bien autrement grand que celui de Monck. Les instances étaient si fortes qu'il me disait : « — Ces diables de femmes sont folles. C'est le faubourg Saint-Germain qui leur tourne la tête : on en a fait l'ange tutélaire des royalistes ; mais cela ne me fait rien, je ne leur en veux pas [2]. »

1. Voir HYDE DE NEUVILLE, *Mémoires*, t. I, p. 269-270.
2. BOURRIENNE, *Mémoires*, t. IV, p. 75.

CHAPITRE II

On s'aveugle généralement dans les familles sur la
valeur de ceux qui les composent ; si l'on accorde des
capacités à des gens qui en sont le plus souvent
dénués, il arrive aussi qu'on n'en reconnaît point à
d'autres qui en sont largement dotés. L'engouement
de Joséphine et d'Hortense pour les Bourbons était
tel que ces pauvres femmes ne s'apercevaient pas de
la prodigieuse supériorité du premier consul ; elles
justifiaient une fois de plus le proverbe si vrai qui dit
que nul n'est prophète en son pays. Un jour, comme
elles parlaient des Bourbons devant le général, Hortense dit : « Si vous vouliez bien imiter Monck, ma
mère pourrait devenir duchesse. » — « Elle est mieux

que cela, répondit le premier consul, elle est ma
femme, et, avec son nom, les duchesses passeront
toujours à sa suite. » Hortense cependant s'attiédit
bientôt sur le compte des Bourbons et ne pensa plus
qu'à jouir des grandeurs inouïes que son beau-père
jetait dans sa famille. Ses ferveurs royalistes renai-
tront cependant, et quand ? En 1814, lorsque les
Bourbons viendront s'asseoir sur le trône dont Napoléon aura été renversé par les forces de l'Europe
entière coalisée !

Mais revenons aux projets de mariage dont il était
question pour Hortense. Elle avait dans l'idée qu'elle
n'épouserait qu'un homme qu'elle aimerait passionnément. Cette idée semble fort honnête et fort raisonnable à première vue, mais, dans la pratique de la
vie, elle ne laisserait pas que d'avoir plus d'un incon-
vénient. C'est par suite de cette idée, par laquelle les
jeunes filles se montent la tête entre elles et qui les
empêche de voir juste dans les choses de la vie,
qu'Hortense, obsédée de chimères, ne voulut pas
épouser un jeune homme que sa mère lui présentait,
M. de Mun. Mme Bonaparte lui avait peut-être dit déjà :
« Tu ne peux épouser qu'un Bonaparte ou un gentilhomme. » Car ses prétentions avaient monté de plus
d'un ton depuis qu'elle avait vu repousser ses avances
par les Gohier et les Rewbell, qui pourtant n'étaient
pas gentilshommes. Ce M. de Mun, que Mme Bonaparte, dans sa sollicitude pour tout ce qui appartenait à l'ancien régime, venait de faire rayer de la
liste des émigrés, était rentré dans la presque totalité
de ses biens. C'était un parti fort souhaitable, sous
tous les rapports, pour Mlle de Beauharnais. Le premier consul, lui, n'était pas très enthousiaste de ce
projet de mariage : il voulait bien faire des avances

aux royalistes, les rayer à petit bruit de la liste des émigrés, leur faire restituer leurs biens ; mais donner à l'un d'eux sa belle-fille eût été un acte par trop réactionnaire : on n'était pas encore très éloigné de brumaire et bien des rancunes couvaient dans l'ombre. S'il était habile de faire des avances aux royalistes, de leur accorder même un peu de justice, il était prudent aussi de ne pas indisposer les jacobins. Mme Bonaparte, elle, ne se préoccupait pas de tout cela ; elle ne voyait qu'une chose : sa fille était demandée par un homme qu'il lui serait agréable et flatteur à elle d'avoir pour gendre, donc Hortense devait l'épouser. Le premier consul eût sans doute fini par s'incliner devant la volonté de sa femme, si Hortense ne s'était énergiquement prononcée contre ce projet. « Non, disait-elle, je n'en veux pas ! N'avez-vous donc pas entendu, l'autre jour, à table, ce qu'on disait, que M. de Mun avait été amoureux de Mme de Staël, en Allemagne ? Je ne veux pas épouser un homme qui a déjà été amoureux d'une autre femme... Je veux que mon mari n'ait jamais été et ne soit jamais amoureux que de moi ! »

— Mais, ma chérie, ce sont là des bêtises ; alors il faut bien te résigner à n'épouser personne, car les hommes, vois-tu...

— Oh ! je les connais, maman...

A vingt ans, est-ce qu'on ne connaît pas tout ?[1] Du moins on en est convaincu, et c'est pour cela qu'on fait tant de sottises, se croyant plus raisonnable que tout le monde. Il est vrai aussi qu'en fait de sottises, il y a des gens qui ont toujours vingt ans et qui ne semblent pas se douter que l'amour n'est une noble

---

1. *Statim sapient, statim sciunt omnia... ipsi sibi exempla sunt...* (Pline).

passion que selon l'usage qu'on en fait, et lorsqu'elle est guidée par l'intelligence, l'honneur et les convenances.

Tandis que Mme Bonaparte pensait à donner sa fille à M. de Mun, Hortense était, de son côté, en coquetterie très accentuée avec un autre jeune gentilhomme, fort à la mode en ce moment à Paris, M. Charles de Gontaut. Affectant des opinions royalistes, elle recherchait de préférence les jeunes gens revenant de l'émigration. M. Charles, ou plutôt *Aimé* de Gontaut, comme il s'appelait alors, était gai, aimable et avait l'esprit de sa mère. Son extérieur était des plus séduisants, son air était doux, et une belle chevelure blonde, retombant en lourdes boucles, ombrageait ses grands yeux bleus rêveurs. Il n'en fallait pas plus pour rendre rêveuse la romanesque Hortense ; aussi lui fit-elle beaucoup de frais. Elle l'eût volontiers épousé, celui-là, et il est infiniment probable qu'elle sut le lui faire entendre. Mais la famille de Gontaut, soit qu'elle trouvât Charles trop jeune pour le marier, soit plutôt que la perspective d'une alliance avec la fille de Mme Bonaparte ne lui plût que médiocrement, se hâta de couper court à cette intrigue et d'envoyer le jeune homme en Angleterre, de crainte de voir la petite idylle tourner au mariage[1].

C'est à la suite de cette mésaventure, dans laquelle Hortense commençait à remplir la condition qu'elle s'était imposée avant d'accepter qui que ce fût pour époux, que, pour se consoler sans doute, elle se mit à s'éprendre, très sérieusement, du général Duroc.

Voyant tous les jours les jeunes et brillants aides de camp du premier consul, déjeunant et dînant sou-

1. Voir Duchesse DE GONTAUT, *Mémoires*, p. 125 ; Mme DE CHASTENAY, *Mémoires*, t. I, p. 419.

vent avec eux, jouant aux *barres* avec eux la journée, faisant la partie de reversi le soir avec eux, jouant la comédie, dansant avec eux, toujours avec eux, il n'était pas fort extraordinaire qu'avec son éducation tronquée et à bâtons rompus, malgré les lettres si sages de Mme Campan, elle eût distingué l'un de ces jeunes officiers. Et c'est peut-être parce que son cœur commençait à s'ouvrir pour Duroc qu'elle refusa un jeune homme, gentilhomme celui-là, que sa mère lui présenta. C'était le comte de Paulo, ancien élève du collège de Sorèze, qui avait conservé toute son étourderie de collégien et s'était mêlé au mouvement de l'insurrection toulousaine sous le Directoire; il y avait même commandé une bande. Après le 18 brumaire, il avait été amnistié et s'était rallié au nouveau gouvernement. Il fut introduit dans la famille consulaire. Fort bien de sa personne, mais d'une intelligence médiocre, il avait tout ce qu'il fallait pour plaire à Hortense et encore plus, a-t-on dit, à sa mère. Celle-ci, le trouvant tout à fait à son goût, insistait auprès d'Hortense pour qu'elle l'acceptât. Mais le premier consul le jugea trop bavard, trop infatué de sa personne et ne voulut pas entendre parler de ce projet. Au bout de peu de temps, d'ailleurs, il exila ce jeune homme en Languedoc pour des indiscrétions et des propos pleins de jactance qu'il avait tenus dans Paris et que la police lui avait rapportés.

En distinguant le général Duroc, Hortense montrait que si, elle avait mauvais ton, elle n'avait pas mauvais goût. Duroc était un bel officier de vingt-sept à vingt-huit ans, grand, bien de sa personne, svelte, distingué et de manières parfaites. Personne ne portait mieux que lui l'uniforme. Il y avait quelque chose de féminin dans son visage. Ses che-

veux étaient noirs; ses yeux, un peu ronds, étaient
trop à fleur de tête : c'est pour cela qu'on lui a reproché de n'avoir pas le regard franc. Mais ce reproche n'était pas juste. Duroc était franc, un peu
renfermé en lui-même, il est vrai, et nullement ex-
pansif. Il avait remplacé l'aide de camp Muiron, tué
en Italie, auprès du général Bonaparte. Le premier
consul avait en lui la plus grande confiance et le
chargeait de faire sa contre-police. Il n'est pas probable pourtant que ce soit Duroc qui l'ait mis au courant de son petit roman avec Hortense, mais il est
certain que ce n'est pas lui qui a fait les avances
à Mlle de Beauharnais : s'il les avait faites, comme
il était homme d'honneur, il l'eût épousée; de plus,
jamais le premier consul n'eût gardé près de lui,
comme homme de confiance, un homme qui eût
abusé de cette confiance pour compromettre sa belle-
fille et refuser ensuite de l'épouser. C'est bien évident.

Duroc se contentait donc d'être beau et de bien
faire son service. Hortense, elle, ne se contenta pas
de le voir, elle le regarda; elle ne se contenta bientôt
plus de le regarder, elle voulut aussi être regardée.
L'aide de camp, par politesse, était bien obligé de répondre aimablement à la belle-fille de son général :
il était bon garçon, il ne voulait faire de peine à personne; aussi se laissa-t-il courtiser par la légère Hortense, mais sans répondre avec trop d'empressement
afin de lui faire voir qu'il ne se prêtait à ce jeu que
par pure courtoisie et pour la décourager. Mais l'indifférence de la personne aimée ne lasse que bien
rarement la personne qui aime. Hortense ne se découragea pas. Elle était même absolument *emballée*.
Elle ne voyait plus rien : elle couvait des yeux, à
table, le bel officier, elle buvait ses paroles quand par

hasard il ouvrait la bouche, elle le faisait toujours asseoir à côté d'elle à la table de jeu, et l'on pense bien qu'elle ne courait qu'après lui dans les parties de barres que l'on faisait, après déjeuner, sur les pelouses de la Malmaison.

Le premier consul connut cette inclination de sa belle-fille. Il n'eut sans doute pas besoin que sa femme, ennuyée d'un incident qui semblait devoir entraver ses plans, lui en parlât; ses yeux étaient assez perçants pour découvrir la petite manigance. Hortense, du reste, ne cherchait guère à dissimuler ses sentiments.

Bonaparte aurait vu avec plaisir l'union de ces deux jeunes gens. Afin de se donner toutefois le temps d'y réfléchir, il envoya Duroc en mission à Saint-Pétersbourg. C'était pour complimenter, au nom de la République française, le nouvel empereur de Russie, Alexandre, qui venait de monter sur le trône à la place de son père Paul I⁰ᵉ, assassiné. Il désirait, par ce choix, mettre Duroc en évidence, afin de pouvoir lui donner le grade de général de division avant de lui donner sa belle-fille en mariage. Le choix du premier consul était d'ailleurs justifié par les manières élégantes de Duroc, la grâce avec laquelle il s'exprimait, en un mot par son bon ton. Il y avait parmi les autres aides de camp du général Bonaparte des hommes d'un talent bien supérieur à celui que pouvait avoir Duroc, il n'y en avait pas de mieux élevé.

Tandis que Duroc était à Saint-Pétersbourg, le roman qu'Hortense avait entamé avec lui se continuait par correspondance. M. de Bourrienne, secrétaire intime du général Bonaparte, remplissait auprès des deux amants les mêmes fonctions de secré-

taire non moins intime. « Pendant cette absence de
Duroc, a écrit cet indiscret, la correspondance des
jeunes amants passait par mes mains, de leur con-
sentement ; je faisais presque tous les soirs une partie
de billard avec Mlle Hortense, qui y jouait très bien.
Lorsque je lui disais, tout bas : « J'ai une lettre », le
jeu cessait aussitôt ; elle courait à sa chambre, où
j'allais la lui remettre. Ses yeux se remplissaient de
larmes et elle ne redescendait plus que longtemps
après dans le salon, où je l'avais précédée[1]. »

Il y a lieu d'admirer, en passant, la facilité avec
laquelle Hortense entamait et poursuivait, à l'encontre de toute convenance, une intrigue amou-
reuse ; on peut aussi profiter de l'occasion pour remarquer que M. de Bourrienne, en allant porter à
Hortense, *dans sa chambre*, les lettres de Duroc, faisait,
tout marié qu'il était, un singulier métier. Et tout
cela se passait sous les yeux de Mme Bonaparte, qui
ne voulait point d'un mariage entre Duroc et sa fille !
Mais comment Mme Bonaparte qui, en fait de convenances n'observait que celles qui lui convenaient,
aurait-elle interdit à sa fille ce qu'elle s'était permis à
elle-même de tout temps ? Avait-elle fait autre chose
que de la galanterie toute sa vie ? Et une femme
galante voit-elle quelque chose de sérieux et d'honnête dans la vie ?

Une chose qui n'était pas sans influence sur l'état
d'âme d'Hortense, et qui la poussait vers la coquetterie — pour laquelle elle n'avait pas besoin d'un
excitant, les propos que tenait sa mère y suffisant
largement — c'est que toutes les jeunes filles de son
entourage se mariaient. Rien ne pousse plus une

---

1. BOURRIENNE, *Mémoires*, t. IV, p. 319

jeune fille au mariage que de voir ses amies se marier. Mlle Laure Permon venait d'épouser Junot; Lannes, à peine divorcé, venait de se fiancer à Mlle Guéhenneuc; Mlle Leclerc, belle-sœur de Pauline Bonaparte, épousait le général Davout; Mlle de Faudoas, le général Savary; Mlle Eglé Auguié se fiançait au général Ney; Bessières annonçait son prochain mariage avec une jeune fille de Cahors. De plus, un essaim de jeunes femmes, respirant le bonheur et la joie, tourbillonnait sans cesse autour de la famille consulaire : c'était Mme Lavalette, mariée un mois avant le départ de son mari pour l'Égypte; c'était Mme Mortier, Mme Lauriston Mme Murat, Mme Leclerc, Mme Bourrienne, Mme Marmont, fille de M. Perregaux, le riche banquier de la Chaussée-d'Antin, Mme de Rémusat, etc.

Hortense ne rêvait donc que de faire partie, elle aussi, du gracieux escadron des jeunes femmes de la cour consulaire et de se mettre à sa tête; cette place semblait lui revenir de droit, bien qu'il y eût de la concurrence : Mme Junot, la future auteur des célèbres *Mémoires* qui portent son nom de duchesse d'Abrantès, lui était, entre autres, infiniment supérieure.

Pendant la belle saison, la famille consulaire allait à la Malmaison. Là, avec la liberté de la campagne et des promenades dans le parc, les deux jeunes gens avaient plus de facilités pour se voir et pour se parler; mais il est juste de dire que Duroc n'abusait pas de ces facilités. N'étant pas plus décidé que cela à épouser une jeune fille qui se jetait aussi effrontément à sa tête, redoutant de trouver chez elle la même facilité de mœurs qu'on connaissait à sa mère, il se tenait, autant que la politesse lui permettait de le faire, sur une prudente réserve. Il eût évidemment mieux fait, puisqu'il n'avait pas l'intention d'épouser

Mlle de Beauharnais, de le lui dire bien franchement;
mais il s'était laissé prendre dans l'engrenage et, bon
gré mal gré, il se voyait, comme la plupart de ceux
qui se mettent dans son cas, prêt à y passer tout
entier, lorsque la politique de famille de Mme Bonaparte vint le tirer d'embarras.

Joséphine voulait absolument marier Hortense avec
un des frères du premier consul. C'était sa marotte.
Elle pensait affermir ainsi à jamais sa position et
chasser définitivement de devant ses yeux ce spectre
du divorce qui venait trop souvent troubler son
repos. Elle avait déjà pensé à la fiancer à ce jeune
drôle de Jérôme. Ayant échoué de ce côté, elle se
rejeta sur Lucien. Le projet était hardi. On n'a pas
oublié que c'est lui qui avait fait échouer la combi-
naison Jérôme, et Lucien était peut-être, dans la
famille, le plus grand ennemi de sa belle-sœur. Malgré cet état d'hostilité, tous les dehors de la cordialité
étaient conservés. En cela, Joséphine mettait du sien
autant qu'elle pouvait et ne perdait pas de vue un
seul instant ses projets. C'est ainsi que lorsque Lucien
partit pour son ambassade à Madrid et qu'il vint
prendre les ordres de sa belle-sœur, celle-ci, moins
pour se faire apporter des bibelots espagnols que
pour resserrer la faible intimité qui existait entre
eux, le pria de lui rapporter ou de lui envoyer des
éventails d'Espagne et, « au moment des adieux, elle
et Hortense se montrèrent, comme toujours, très
gracieuses [1]. »

Lorsque Lucien revint d'Espagne, il rapporta des
richesses énormes. Sa belle-sœur ne s'inquiéta pas

---

1. Th. Iung, *Lucien Bonaparte et ses Mémoires*, t. 1, p. 387.

La REINE HORTENSE
d'après une gravure du temps

LOUIS BONAPARTE,
d'après une gravure du temps

Clichés Tallandier

de savoir si l'origine de cette fortune était honorable
ou non; d'ailleurs, quand le premier consul avait
enlevé à son frère le portefeuille de l'Intérieur, elle
n'ignorait pas que c'étaient ses honteuses spéculations
sur les blés qui lui avaient valu cette disgrâce. Mais
l'ancienne maîtresse de Barras, la femme qui faisait
argent de son crédit et se faisait donner des pots-de-vin
par les fournisseurs de l'armée, n'en était pas à regarder à une malpropreté près. Tout pour la réalisation de
son projet! Hortense avait vingt-deux ans, Lucien en
avait vingt-sept. Son intérêt à elle était de les marier;
toutes les convenances se trouvaient donc réunies.
Aussi avait-elle invité son beau-frère à déjeuner dès
les premiers jours de son arrivée. Hortense, naturellement, était là, et, comme sa mère ne lui avait pas
laissé ignorer l'objet de ce déjeuner aussi intime que
diplomatique, une gracieuse rougeur venait de temps
en temps animer la blancheur de ses joues.

Mme Bonaparte fut aussi aimable que possible, et,
sans en émettre positivement la proposition, elle sut
adroitement faire entendre à son invité qu'elle le
verrait avec plaisir aspirer à changer son titre de
beau-frère contre celui plus intime de gendre. Lucien
ne s'était pas improvisé diplomate pour ne pas comprendre les choses à demi-mot. Son intention n'était
nullement d'épouser Hortense. Aussi ses réponses
furent-elles évasives, mais tournées de façon à faire
entendre à Mme Bonaparte, sans cependant la blesser,
qu'elle n'avait pas à compter sur lui. « Joséphine
n'insista pas, a écrit Lucien. Mon refus, d'ailleurs,
n'était pas plus positif que sa proposition. Je tenais
seulement à faire comprendre que je n'avais pas l'intention de me remarier. La conversation entre Joséphine et moi s'en ressentit naturellement, et il fallut

l'arrivée du premier consul pour mettre fin à un embarras devenu gênant[1]. »

Hortense, cette fois, s'était prêtée aux projets de sa mère, mais la vérité est que Lucien ne lui plaisait guère. Lorsque, déçue de ce côté, Mme Bonaparte jettera son dévolu sur Louis, celui-ci lui plaira encore moins ; de son côté, elle ne plaira pas davantage à Louis, qui n'ignorait sans doute pas, comme l'a dit son frère, qu'elle « était fort avancée pour son âge dans la connaissance des choses d'ici-bas », ce qui n'est jamais un gage de bonheur pour un mari. Cela se répétait partout.

C'est ici le lieu de parler de certaines accusations qui ont été lancées contre Hortense. Le bruit courait dans tout Paris, et plusieurs mémorialistes ont reproduit ce bruit, que le premier consul avait des relations coupables avec sa belle-fille. Fouché va jusqu'à dire que c'était Mme Bonaparte elle-même, qui, pour empêcher son mari de penser au divorce, aurait jeté Hortense dans ses bras[2].

Le général Thiébault, dans ses précieux *Mémoires*, parle aussi de cette accusation ; il ajoute que Mme Campan était de connivence avec Joséphine pour ménager à Bonaparte des entretiens secrets avec Hortense[3]. Mounier relate aussi les mêmes choses[4]. Mais ce sont là des accusations que les royalistes, par haine du premier consul et pour le déconsidérer dans les masses, lançaient et faisaient courir sur son compte. Tous sont d'accord pour dire que l'enfant qui naquit du mariage d'Hortense et de Louis

1. Th. Iung, *Lucien Bonaparte et ses Mémoires*, t. II, p. 268.
2. Fouché, *Mémoires*, t. I, p. 316.
3. Général baron Thiébault, *Mémoires*, t. V, p. 305.
4. Comte d'Hérisson, *Le Cabinet noir*, p. 132-134.

Bonaparte était le fruit de ces relations inavouables.
C'est là une odieuse calomnie. Mᵐᵉ de Rémusat, peu
tendre pour Napoléon après l'avoir peut-être été trop,
Mᵐᵉ de Rémusat, qui l'accuse d'avoir « successivement séduit ses trois sœurs [1] », détruit catégoriquement cette allégation ; mais on y croyait dans le
public et quand le mariage d'Hortense et de Louis
fut annoncé, l'épigramme suivante, entre beaucoup
d'autres, eut un grand succès à Paris :

> Son épouse d'ailleurs, qui fut d'abord la mienne,
> Pourra, quoi qu'il arrive et quoi qu'il entreprenne,
> L'aider de sa sagesse et lui servir d'appui,
> Car si je la formai si bien, ce fut pour lui.

Pour en revenir à Mᵐᵉ de Rémusat, voici ce qu'elle
dit : « La manière dont l'empereur parlait d'Hortense
dément bien formellement les accusations dont elle
a été l'objet. Devant elle, ses paroles étaient toujours
plus mesurées et plus décentes... [2] » Constant, dans
ses *Mémoires* [3], Mˡˡᵉ Avrillon [4], la duchesse d'Abrantès [5],
la générale Durand [6] dans les leurs, démentent énergiquement aussi cette prétendue liaison que rien,
parmi tous les documents qui nous sont parvenus,
ne permet d'admettre. Bourrienne, qui ne se pique
guère pourtant de justice envers son ancien patron,
à qui il doit tout et dont il dit tout le mal qu'il peut,
n'est pas moins énergique : « On a menti, par la
gorge, comme disaient nos anciens preux, a-t-il écrit,
quand on a prétendu que Bonaparte avait eu pour

1. Mᵐᵉ DE RÉMUSAT, *Mémoires*, t. I, p. 204.
2. Mᵐᵉ DE RÉMUSAT, *Mémoires*, t. I, p. 160.
3. CONSTANT, *Mémoires*, t. I, p. 109.
4. Mˡˡᵉ AVRILLON, *Mémoires*, t. I, p, 152.
5. Duchesse D'ABRANTÈS, *Mémoires*, t. VI, p. 126 et 342.
6. Générale DURAND, *Mémoires*, p. 2.

Hortense d'autres sentiments que ceux d'un beau-père pour sa belle-fille [1] ».

Il est inutile d'insister davantage. Quant à l'allégation tant répétée que le premier né d'Hortense fut le fruit des relations de Napoléon et de celle-ci, outre les preuves morales du contraire, données par les auteurs qui viennent d'être cités, on peut fournir aussi des preuves matérielles. M. Frédéric Masson s'est donné la peine de les exposer.

« Le contrat de mariage d'Hortense, dit-il, a été passé le 13 nivôse an X (3 janvier 1802); son mariage a été célébré le 14 (4 janvier); son fils est né le 18 vendémiaire an XI (10 octobre 1802). Elle n'était donc point enceinte au moment de son mariage et le *cas* n'était pas *urgent*, comme l'a écrit Lucien Bonaparte, puisqu'il s'est écoulé deux cent quatre-vingts jours entre le mariage et l'accouchement. La grossesse régulière dure, comme on sait, deux cent soixante-dix jours; la conception serait donc du 24 nivôse (14 janvier). Or le 18 nivôse (8 janvier), à minuit, le premier consul est parti pour Lyon, et il n'est revenu à Paris que le 12 pluviôse (1er février). Ce sont-là des preuves matérielles [2]... »

Une chose qui prêta aux calomnies, il faut bien le dire, c'est la précipitation avec laquelle fut décidé et célébré le mariage d'Hortense. La malignité a voulu y voir une preuve des méchants bruits qui se répétaient parmi les royalistes [3], mais elle s'est trompée. Est-ce que le général Bonaparte ne procéda pas au mariage de sa sœur Pauline et du général Leclerc

---

1. BOURRIENNE, *Mémoires*, t. IV, p. 322.
2. Frédéric MASSON, *Napoléon et les femmes*, p. 178.
3. Voir, entre autres, général de RICARD, *Autour des Bonaparte*, p. 213.

avec la même précipitation? « Le mariage fut célébré sans perdre un instant », a dit Mounier[1]. Arnault aussi a remarqué la hâte avec laquelle se fit le mariage de Pauline, « alors plus impatiente, a-t-il dit, de devenir Mme Leclerc qu'elle ne l'a été depuis de devenir princesse Borghèse[2]. » Même hâte aussi pour le mariage de Caroline qui, à peine accordée à Murat, l'épouse le 20 janvier 1800 et aussi pour le mariage de Mlle Émilie de Beauharnais avec M. de Lavalette, qui se fait huit jours après la demande. Napoléon menait les mariages au pas de charge, comme le reste.

Lucien venait à peine de faire connaître à Mme Bonaparte l'intention où il était de ne se point remarier, qu'elle avait immédiatement tourné ses batteries vers Louis. Elle n'avait guère de chances de réussir, le cœur de Louis saignant encore, elle ne devait pas l'ignorer, de n'avoir pu épouser celle qui était devenue Mme Lavalette. Mais Joséphine n'a jamais attaché d'importance à ces bagatelles. Est-ce que le cœur a quelque chose à faire dans le mariage? Elle-même, est-ce qu'elle aimait son mari? Est-ce qu'elle l'avait aimé lorsqu'elle l'avait pris pour amant? Pas le moins du monde : elle avait besoin d'un entreteneur, celui-là s'était laissé faire, elle l'avait pris, voilà tout. Elle aurait joué la même comédie de l'amour avec tout autre homme qui se serait présenté. Est-ce que toutes les maîtresses qui se font épouser n'opèrent pas de cette façon, en tablant d'avance sur la sottise des hommes, qui se payent de sophismes et espèrent masquer leur fai-

<hr>

1. Comte D'HÉRISSON, *Le Cabinet noir*, p. 131.
2. ARNAULT, *Souvenirs d'un sexagénaire*, t. III, p. 30.

blesse en prononçant les grands mots de principes et d'amour, pour se faire illusion à eux-mêmes. Comme si les principes et l'amour avaient quelque chose à faire avec un semblable aveuglement et un pareil abaissement moral!

Hortense avait, de son côté, dit à sa mère qu'elle n'aimait pas Louis. La belle affaire! Qu'elle l'aimât ou qu'elle ne l'aimât point, qu'est-ce que cela pouvait faire à la chose? Elle ne lui demandait pas d'aimer Louis, mais de l'épouser. Et cela, oui, était difficile. Louis y consentirait-il? Il pensait toujours à Émilie de Beauharnais, dont il s'était épris à Saint-Germain, dans le parloir de Mᵐᵉ Campan; il n'était pas encore consolé de l'avoir vue devenir la femme d'un autre. Mais aussi, c'était sa faute. Lorsqu'il était aide de camp de son frère, en Italie, pourquoi n'avait-il pas imité sa continence [1]? Il aurait pu alors demander la main de la charmante Émilie, sans être obligé d'attendre une guérison longue à venir et qui ne fut jamais complète.

Si Louis ne se consolait pas d'avoir ainsi manqué la main de Mˡˡᵉ Émilie, ce n'était cependant pas faute de chercher des consolations. Il avait, à ce qu'il paraît, au moment où l'on commença à lui parler d'Hortense, « un vif attachement pour une personne dont on n'a pu découvrir le nom [2]. » Pour rompre peut être cette liaison, peut-être aussi pour la garder,

1. Napoléon a dit fort indiscrètement à Sainte-Hélène, à propos de la campagne d'Italie de 1796-1797 : « Les belles Italiennes eurent beau déployer leurs grâces, je fus insensible à leurs séductions. Elles s'en dédommageaient avec ma suite. Une d'elles, la comtesse C..., laissa à Louis, lorsque nous passâmes à Brescia, un gage de ses faveurs dont il se souviendra longtemps. » (*Mémorial de Sainte-Hélène.*)

2. Constant, *Mémoires*, t. I, p. 108.

ce qu'un mariage ne lui eût pas permis de faire, et surtout pour ne point épouser Hortense, Louis demanda à être envoyé en Prusse avec mission de suivre les manœuvres militaires de Potsdam. Il espérait que Mlle de Beauharnais se marierait pendant son absence. Quand il revint, elle était encore libre. Peut-être lui parla-t-on de nouveau de l'épouser, car, ayant été nommé au commandement du 5ᵉ régiment de dragons, il sollicita la faveur d'être envoyé en Portugal, et fit la campagne avec la petite armée du général Leclerc. A son retour, les médecins lui prescrivirent de prendre les eaux de Barèges. Sa santé s'en trouva bien et il revint à Paris.

Le premier consul, poussé par sa femme qui tenait énormément à avoir Louis pour gendre, voulut, avant de parler encore une fois mariage à son frère, mettre Duroc en demeure de se prononcer.

L'automne était terminé ; on avait quitté la Malmaison depuis quelque temps déjà et l'on était installé de nouveau aux Tuileries. Chacun dans la petite cour consulaire pensait, d'après toutes les apparences, que Duroc allait épouser Hortense. Celui-ci en recueillait déjà des félicitations qu'il recevait assez froidement, lorsque le premier consul monta dans le cabinet où travaillait Bourrienne. « Où est Duroc ? dit-il. — Il est sorti, je le crois à l'Opéra. — Dites-lui, dès qu'il sera de retour, que je lui ai promis Hortense, il l'épousera. Mais je veux que ce soit au plus tard dans deux jours. Je lui donne cinq cent mille francs. Je le nomme commandant de la 8ᵉ division militaire. Il partira le lendemain de son mariage pour Toulon avec sa femme, et nous vivrons séparés. Je ne veux pas de gendre chez moi. Comme je veux en finir, dites-moi, ce soir-même, si cela lui convient.

— Je ne le crois pas. — Eh bien, elle épousera Louis.
— Le voudra-t-elle? — Il le faudra bien[1]. » Bourrienne, qui rapporte cet entretien, ajoute que le général, en ce moment, avait l'air d'un homme qui vient d'avoir une discussion vive dans l'intérieur du ménage, et que c'était de guerre lasse et pour ne plus en entendre parler, qu'il était venu poser son ultimatum.

Lorsque Duroc rentra, Bourrienne lui fit part de la conversation courte et substantielle qu'il avait eue avec le premier consul et la lui répéta mot pour mot. « Puisque c'est ainsi, dit Duroc, il peut bien garder sa fille; je vais voir les[2]... » Et, avec un air d'indifférence absolue, le général prit son chapeau et s'en alla. Bourrienne fit connaître sur l'heure cette réponse au premier consul et celui-ci donna alors à Joséphine l'assurance que sa fille épouserait Louis. Les deux fiancés seuls n'étaient pas consultés.

Ce n'est pas tout à fait ainsi que Lucien Bonaparte, dans ses *Mémoires*, raconte la manière dont s'est fait le mariage d'Hortense. Il croit, lui, ou du moins il fait semblant de croire, dans sa malveillance pour son frère, à la liaison qui aurait existé entre le premier consul et Hortense, mais il n'en parle à Louis qu'à mots couverts; il lui rappelle qu'on lui a déjà offert cette jeune fille à lui, Lucien, et qu'il l'a refusée.

« J'engage mon frère, dit-il à attendre une autre occasion, lui confie mon refus ou à peu près, sans pourtant le lui motiver. *C'est trop délicat.* Il me

1. Bourrienne, *Mémoires.* t. IV, p. 320.
2. Sans doute les Hervas. M. Hervas d'Almenara était un riche banquier qui avait une réputation d'honneur et de probité des plus méritées et dont le général Duroc épousa la fille.

Cliché Tallandier

Un salon public sous l'Empire (FRASCATI) d'après une estampe de DEBUCOURT

semble qu'il a suffisamment entrevu ce dont je crois, moi, avoir la certitude.

« A la suite d'une nouvelle sollicitation de conseil, je cède à son désir d'être mieux renseigné, dans l'espoir qu'il profitera de l'avis qu'il me force, pour ainsi dire, à lui donner, si peu fondé qu'il puisse être.

« Il convient qu'il a le même soupçon, que son amie Mme de F... lui a dit de se tenir en garde, qu'il y va du bonheur de toute sa vie, surtout de sa liberté, de son autorité de chef de sa propre et personnelle famille, de son honneur. Bref, il jure qu'il n'épousera pas, et j'avoue que j'en suis enchanté pour ce pauvre frère.

« Mais rien ne devait y faire.

« Louis revint une troisième fois à la charge. Je réponds de façon embarrassée.

— Que veux-tu? répliqua Louis ; mais... c'est que... parce que... enfin je suis amoureux.

— Tu es amoureux? Eh! que diable viens-tu me demander des conseils? Alors oublie ce je que t'ai dit, ce que j'ai conseillé. Épouse, et que Dieu te bénisse! »

« Huit jours plus tard, le 6 janvier, Louis était marié. Le cas était urgent. »

Amoureux, Louis l'était peut-être, mais à coup sûr ce n'était pas d'Hortense, bien que Joseph Bonaparte dise sur ce point la même chose que Lucien[1].

Une autre preuve que Louis n'était pas amoureux d'Hortense en est donnée par Louis lui-même : « Il refusa — a-t-il écrit plus tard en parlant de lui — sans aucune raison défavorable au caractère ou à la moralité de cette jeune personne, dont tout le monde

—————

1. *Bourrienne et ses erreurs*, t. I, p. 276 : « Lorsque Louis épousa Hortense, il en était très amoureux ; ses lettres en font foi. »

faisait l'éloge, mais parce qu'il craignait que leurs caractères ne se convinssent pas[1] ». Il écrit aussi, le 16 octobre 1816 à sa sœur Caroline : « Vous reconnaissez que j'ai toujours eu beaucoup de répugnance pour mon mariage avec Hortense, que vous avez été témoin de mes plaintes... Songez que vous saviez mon attachement pour Mᵐᵉ de La Valette, rappelez-vous le mariage forcé qu'on lui fit faire, et, qu'après le retour d'Égypte, je refusai constamment la main d'Hortense; que, pour être tranquille, j'affectais une répugnance invincible pour le mariage, tandis qu'il faisait et fit toujours l'objet de tous mes vœux[2]. »

On voit, d'après ces quelques citations, combien il est difficile de découvrir la vérité au milieu des assertions intéressées des mémorialistes. C'est évidemment par esprit de famille, pour rejeter sur Hortense tous les torts de la mésintelligence qui régna dès le premier jour, avant même le premier jour, dans ce triste ménage, que les frères de Louis assurent qu'il était amoureux; et Napoléon lui-même, pour écarter l'idée importune de sa responsabilité dans la formation de ce déplorable intérieur, a dit à Sainte-Hélène : « Toutefois, ils s'aimaient en s'épousant... » Quant à ce que dit Lucien, que *le cas était urgent*, il devait très bien savoir que cela n'était pas. Bonne justice a été faite un peu plus haut de cette odieuse imputation.

Si Louis n'était pas amoureux d'Hortense, il est juste de dire que celle-ci ne montrait pas la moindre inclination pour lui. Ce n'est que sous la pression de sa mère qu'Hortense avait fini par dire oui, et Louis

1. *Documents historiques sur le gouvernement de la Hollande*, t. I, p. 102.
2. E. CLARETIE, *L'Empire, les Bonaparte et la cour*, p. 31.

de son côté, c'est une chose certaine, se la laissa
imposer par Napoléon.

Louis Bonaparte avait un extérieur agréable et
avenant ; son visage était sympathique, ses yeux vifs,
sa bouche faite pour le sourire. Mais de précoces
infirmités ruinèrent bientôt ses avantages physiques
et influèrent d'une façon fâcheuse sur son humeur. Il
ne faut pas être le premier venu pour supporter avec
égalité d'âme, avec bonne humeur, la ruine progres-
sive de sa santé. De plus, l'aversion que sa femme lui
témoigna tout d'abord, avant de le haïr définitivement, tua pour jamais le sourire sur ses lèvres. « Il
avait de l'esprit, de l'instruction et de la philosophie », a dit Chaptal [1] ; mais il faut ajouter qu'il
avait un caractère très à part, fort peu extérieur et
qui ne connaissait guère les nuances ; c'était tout le
contraire d'Hortense. Il était de plus assez religieux,
mais fort sceptique sur le désintéressement des
hommes et aussi celui des femmes ; il ne croyait pas
qu'on pût faire le bien pour le seul plaisir de le faire. Il
s'y essayait cependant. Chaptal, en parlant de Louis,
ne veut dire que ce qu'il a de bon. Mme de Rémusat, elle,
tout en reconnaissant que les avis sont différents sur
le mari d'Hortense, ne voit guère en lui que ce qu'il
y a de mauvais. « Une certaine hypocrisie de vertus,
dit-elle, des mœurs plus régulières que celles de sa
famille, des opinions bizarres, appuyées plutôt sur
des théories hasardées que sur des principes solides,
ont abusé beaucoup de monde. » Mme de Rémusat ne
s'abuse-t-elle pas un peu, elle aussi ? Elle oublie que
si Louis a « des mœurs plus régulières que celles de
sa famille », il y a peut-être pour cela un motif, et

1. Comte CHAPTAL, *Mes souvenirs sur Napoléon*, p. 344.

qu'il faut se garder de prendre pour des principes ce qui n'est que le résultat d'un état maladif sans lequel Louis eût sans doute été aussi dissipé que ses frères. Il était cependant une sorte d'honnête homme, égoïste, défiant, mais assez lettré, laborieux et animé d'un sincère esprit de devoir. Malheureusement son esprit était étroit et il prenait pour de la volonté ce qui n'était chez lui que de l'entêtement; il ne voyait que la surface des choses et croyait remplir son devoir en se montrant tâtillon, vétilleux, et en réglant ses occupations et celles des gens de sa maison, comme il réglait l'emploi du temps de ses cavaliers quand il était colonel du 5ᵉ dragons. On voit d'ici comme sa femme, qui était presque aussi désordre que sa mère, qui était toute de fantaisie et de caprice, devait être à son affaire avec un mari régulier comme une horloge et qui mettait son amour-propre à ne pas s'écarter d'une ligne du programme qu'il s'était tracé.

Louis se croyait sans doute obligé, par la reconnaissance, de ne pas contrarier les vœux de son frère; et c'est pour cela qu'il dit oui. Il ne faut pas oublier — et Louis s'en souvenait alors — que c'est Napoléon qui avait pris soin de son éducation : étant lieutenant à Auxonne, n'ayant pour vivre que sa modeste solde de 91 livres 10 sols par mois, il avait partagé sa chambre avec lui et tous deux faisaient, dans la cheminée de cette chambre, la cuisine de leur chétif ménage. C'est Napoléon qui instruisit Louis, c'est lui qui lui fit faire sa première communion, lui encore qui, en 1795, le fit admettre à l'école militaire de Châlons. Il écrivait alors à Joseph : « Louis fera un excellent sujet. Toutes les femmes de ce pays-ci en sont amoureuses [1]. » Plus tard, il se l'attacha comme

Fr. Masson. *Napoléon inconnu*, t. II, p. 203.

aide de camp dans ses campagnes d'Italie et d'Égypte.
Louis ne fit pas jusqu'au bout cette dernière campagne ; sa santé ne le lui permit pas et son frère le
renvoya en France avec une mission pour le Directoire. Une fois à Paris, il employa bien ses loisirs ;
ses goûts le portant vers l'étude et vers les lettres, il
suivit des cours, fréquenta les professeurs et les artistes et développa ainsi certaines aptitudes fines et
délicates de son esprit.

Louis était donc, à tout prendre, un parti fort souhaitable pour Hortense, sauf en ce qui était de sa santé ;
mais cette santé n'était pas aussi mauvaise qu'elle
l'est devenue depuis. De son côté, la fille de Joséphine
aimait les arts et était plus cultivée que la plupart
des jeunes filles de son temps. Il y avait donc bien
des points de contact entre les deux jeunes gens : il
était à présumer qu'en y mettant de part et d'autre
un peu de bonne volonté, ils se seraient vite appré-
ciés et auraient fait un bon ménage.

Malheureusement, il n'en fut pas ainsi. Hortense
qui, dans un moment de dépit sans doute contre
Duroc qui ne voulait pas l'épouser, avait donné sa
parole, regrettait maintenant de n'avoir pas pris le
temps de la réflexion ; ou plutôt, ses idées avaient
changé. Elle s'était probablement flattée, en disant
oui, que son mari ne compterait pas dans le ménage
que, les premiers jours passés, elle le mènerait comme
elle voudrait, ce qui est le rêve de tant de jeunes filles
qui se marient, qu'il serait bien vite annulé et réduit
à l'état de mari soliveau : ce rôle est assurément peu
enviable pour un homme, mais il y a pis. Le pauvre
Louis, malgré sa jalousie précautionneuse, n'y
échappa point. Si Hortense avait lu La Bruyère, elle
se rappelait sans doute cette réflexion : « Il y a telle

femme qui anéantit ou qui enterre son mari au point qu'il n'en est fait dans le monde aucune mention : vit-il encore? ne vit-il plus? On en doute [1]. » Elle n'eût pas été la première à vouloir effacer ainsi son mari : M^ile de la Vergne, cette femme d'esprit qui écrivit cette petite perle qui s'appelle *la Princesse de Clèves*, ne réduisit-elle pas dans la vie commune son mari, M. de Lafayette, à néant? Et plus tard, Mme Geoffrin? Et, de son temps, la belle Mme Récamier, Mme Baciocchi, n'en continuaient-elles pas la tradition? Et tant d'autres dont on ne parle pas?... Pourquoi ne ferait-elle pas comme elles?

Louis Bonaparte, de son côté, avait donné sa parole pour ne pas contrarier son frère. Leur mère ne voyait pas cette union d'un bon œil, mais pour des motifs différents : « Voilà mon fils Louis, disait-elle qui se marie honorablement; mais il aurait fait un meilleur mariage s'il eût attendu quelques années. ».

Le temps des fiançailles est ordinairement un temps de bonheur. Il ne le fut pas pour ces deux jeunes gens. Et cependant il dura si peu! En attendant le jour du mariage, dès que Louis paraissait pour faire sa cour à Hortense, celle-ci allait se blottir dans l'embrasure d'une fenêtre et n'accueillait que par des larmes et des bouderies les avances du jeune homme. Louis, se voyant si mal reçu, éprouvait une impression douloureuse dans laquelle l'amour-propre froissé tenait une bonne part. S'il insistait, dans l'espérance de vaincre, à force d'amabilités, des dispositions si peu encourageantes, Hortense lui tournait le dos tout à fait et se mettait à fondre en larmes. Devant une antipathie si peu dissimulée, Louis eût bien fait de

1. La Bruyère, *Des Femmes.*

dégager sa parole : il lui aurait été facile de montrer
au premier consul que, dans l'état d'âme et d'esprit
de la jeune fille, il ne pouvait, en conscience, se
charger de son bonheur. Il eut la faiblesse de persé-
vérer, espérant que l'avenir changerait les dispositions d'Hortense : et le mariage se fit. Il eut lieu le
3 janvier aux Tuileries. Le contrat fut signé le même
jour en présence des deux familles. Le mariage religieux fut célébré le lendemain.

Comme les églises n'étaient pas encore rouvertes,
— on négociait alors le Concordat — la bénédiction
nuptiale fut donnée aux jeunes époux, par le cardinal
Caprara, dans le grand salon du petit hôtel de la rue
de la Victoire, que le premier consul leur abandon-
nait. Bonaparte, on le sait, profita de cette circonstance pour faire bénir l'union de sa sœur Caroline
avec Murat, qui n'avait pas encore reçu la sanction
religieuse. Il s'abstint, quant à lui, pour plus d'un
motif sans doute, de faire consacrer sa propre union
avec Joséphine.

Pendant toute la cérémonie, les jeunes mariés
étaient fort tristes. Jamais mariage ne s'est annoncé
sous de plus sombres couleurs. Hortense ne cessa
pas un instant de pleurer ; on se plut à dire que
c'était d'émotion et de bonheur : il y a tant de jeunes
filles qui fondent en larmes, le jour de leur mariage,
par simple impression nerveuse ! Louis, de son côté,
justement froissé de cette persistance des sentiments
hostiles chez sa femme, ne cherchait plus son regard :
il avait été l'objet de telles rebuffades, qu'il n'avait
garde, en ce moment, de se départir d'une prudente
réserve.

Enfin la cérémonie se termina, au grand soulagement des nouveaux époux. Pas un mot, pas un

regard ne fut échangé : ils avaient échangé leur liberté, n'était-ce pas assez de ce sacrifice?

Hortense, qui avait eu le tort de céder à sa mère, espérait peut-être que les mauvais procédés qu'elle prit à tâche d'avoir pour son fiancé le rebuteraient avant le jour du mariage, et qu'il aurait, lui, la force de rompre une union qu'elle avait eu la faiblesse de consentir. Mais pourquoi n'avoir pas mieux résisté à la volonté de sa mère? Elle avait bien su, trois ans auparavant, alors qu'elle était presque encore une petite fille, montrer de l'énergie et refuser le fils de Rewbell qu'elle voulait lui imposer. L'année précédente, elle avait, tout aussi catégoriquement, refusé M. de Mun. Une fois sa parole donnée, elle n'aurait plus dû penser qu'à cet engagement, qu'à ses devoirs envers celui qu'elle acceptait pour époux, et elle eût trouvé le bonheur dans l'accomplissement de ces devoirs. Son malheur c'est elle qui le voulut, elle seule en est responsable ; les torts, c'est elle qui les eût, d'abord en acceptant un mari qu'elle ne pouvait supporter, ensuite en se conduisant envers lui comme une petite fille boudeuse et entêtée : il ne semble donc pas qu'elle mérite d'être plainte.

Hortense ne pardonna jamais à son mari de ne pas avoir dégagé sa parole devant les mauvais procédés qu'elle avait pour lui et qui, dans sa pensée, devaient amener une rupture. Elle ne fut pas franche. C'est donc à elle-même qu'elle aurait dû s'en prendre, et non à son mari. Louis, accepté, n'avait qu'à faire le plus aimablement possible sa cour à Hortense. C'est ce qu'il fit ; il est sans reproche. Tous les torts sont du côté de sa femme.

Mᵐᵉ de Montesson offrit une fête superbe aux jeunes époux.

DUROC
d'après un tableau de l'École française du XIXe

Mme de Montesson, femme intrigante et pratique, d'assez d'esprit, bien qu'elle ait écrit de nombreuses platitudes, était la veuve morganatique du duc d'Orléans, père de Philippe-Égalité. Sa maison, « qui se tenait tout à l'extrémité de la décence[1] », comme l'a dit un homme peu facile à effaroucher et qui la fréquentait, était, sous l'ancien régime, fort recherchée. Les jeunes abbés dissipés et viveurs, dont M. de Talleyrand était l'un des chefs de file, en raffolaient. Le premier consul avait une grande considération pour cette épave d'ancien régime, qu'il révérait à l'égal d'une princesse de sang royal, et prenait près d'elle des leçons de bonnes manières. Mme Bonaparte, de son côté, demeurait bouche bée devant les beaux équipages de cette dame qui avait donné à ses gens la livrée de la maison d'Orléans et avait fait peindre les armes de cette branche royale sur les panneaux de ses voitures. Mme de Montesson, reconnaissante de ce que le premier consul lui avait fait rendre ses biens, confisqués sous la Révolution, se montrait pleine de bienveillance pour lui et sa femme. Aussi saisit-elle avec empressement l'occasion du mariage d'Hortense pour témoigner ses sentiments d'une manière aussi gracieuse qu'éclatante.

La fête qu'elle donna fut le premier grand bal particulier qu'on vit dans Paris depuis la Révolution. Toute la mise en scène rappelait les usages de l'ancien régime. Des valets de pied en bas de soie et en perruque poudrée, portant la livrée bleu de France, formaient une double haie sur l'escalier de son hôtel de la rue de Provence. Le corps diplomatique, étonné de cette restauration des anciens usages, était là au

─────────

1. TALLEYRAND, *Mémoires*, t. I, p. 49.

grand complet. Plus de huit cents invités se pressaient
dans les salons, portant sur le visage l'expression
de la joie. Seuls, les deux mariés étaient d'une tristesse navrante. Cette tristesse contrastait doublement,
et avec leur état de jeunes époux, et avec les visages
de fête qui les entouraient. Éblouissante dans une
tunique blanche et rose brodée d'argent, couverte de
diamants et de fleurs, mais aussi d'une affreuse pâ-
leur, Hortense semblait étrangère à tout. Son esprit
n'était pas là, son cœur, hélas ! non plus ; son mari,
lui, y était, et c'est ce qui la rendait si triste. Tous
deux recevaient d'un air lugubre les compliments de
tout Paris : on eût juré qu'ils enterraient un parent
et recevaient les condoléances de leurs amis. Comme
pendant la cérémonie du mariage, l'un fuyait le regard
de l'autre, de crainte d'y trouver un nouveau sujet de
tristesse. Ils eussent perdu l'être qui leur était le plus
cher, qu'ils n'auraient point témoigné plus de douleur.

Que se dirent-ils, ces tristes mariés, lorsque, revenus du bal de M*^{me} de Montesson, ils se trouvèrent
enfin seuls ! Dans ces moments où la passion, l'amour,
tout au moins la jeunesse poussent les deux époux
l'un vers l'autre, chacun d'eux dut prendre sur lui
pour ne point manifester à l'autre son insurmontable
aversion. Chacun devait invoquer la raison dans un
moment où elle n'a guère à intervenir ; chacun devait
se dire qu'il était enchaîné pour toujours à un être
qu'il ne pouvait supporter, et qu'il lui fallait, par
pitié peut-être, par politesse au moins, faire bon visage à son conjoint — hélas ! ils n'étaient que cela,
des conjoints ! — et se rendre mutuellement la vie
commune le moins insupportable possible.

Louis cependant voulut, en dépit de tout, faire le

bonheur de sa femme. Tous deux étaient si jeunes, si pleins de ressources ! Ne devait-il pas chercher à chasser de l'esprit d'Hortense les idées toutes faites qui s'étaient incrustées dans son imagination de jeune pensionnaire ? Est-ce que le temps, aidé des bons procédés qu'il aurait pour elle, ne viendrait pas à bout de ses préjugés de petite fille ? Il le crut et se mit de bonne foi et de bon cœur à l'ouvrage. Mais ses avances se heurtaient à une attitude revêche qui le découragea vite ; sa jeunesse ne put comprendre les caprices d'enfant gâtée et boudeuse de celle qui était devenue — il en était encore à se demander comment — sa compagne pour la vie. Plus âgé, il eût peut-être mieux compris la situation et eût montré plus d'indulgence, plus de patience ; plus âgé — il faut aussi le reconnaître — jamais il n'eût consenti à épouser Hortense. Mauvais praticien des cœurs de femmes, avec la rigueur absolue de la jeunesse, il manqua d'habileté et froissa les sentiments, plus factices pourtant que réels, de sa femme.

Hortense, de son côté, se trouvant face à face avec l'irréparable, avec le mariage, ne sut point se montrer à la hauteur d'une aventure qu'elle s'était attirée par sa faute. Elle le prit de haut avec ses devoirs et persista d'abord dans son éloignement boudeur. Elle reconnut assez vite la fausseté de la position dans laquelle la jetait son entêtement et essaya, mais faiblement, de jouer son rôle d'épouse. « Tant d'autres, se dit-elle, se marient sans amour ; ils finissent bien pourtant par être heureux : faisons comme eux. Peut-être l'amour viendra-t-il plus tard ? » Et elle s'essaya, mais sans conviction, à jouer un rôle dans lequel il ne faut que de l'abandon naturel. Malgré son talent pour jouer la comédie, elle ne pouvait se débarrasser d'une contrainte trop apparente. Elle ne défendit pas à son mari de lui faire des frais; sans les accueillir, elle ne repoussa pas ses avances; elle lui laissa faire ses protestations que rien ne lui coûterait pour la rendre heureuse, — et elle crut avoir fait tout ce que le devoir lui commandait. Elle ne s'aperçut pas, elle ne voulut pas s'apercevoir que cela ne suffisait pas, qu'il n'était pas assez d'écouter, qu'il fallait aussi répondre... Elle ne le fit pas. Elle sembla considérer sa vie comme une partie perdue et se retira du jeu.

Tant d'indifférence devait finir par rebuter la meilleure volonté. Au bout de peu de temps, il y eut entre les deux époux comme une sorte d'armistice, de paix armée, une convention tacite de ne parler ni d'amour ni de bonheur, puisqu'ils étaient si malhabiles à se les donner, et ils arrangèrent leur vie de façon à être le moins à charge l'un à l'autre : la tranquillité, le repos ne tiennent-ils pas presque toujours lieu de bonheur? Louis se jeta de plus en plus dans ses études littéraires, Hortense dans les fêtes. Elle vivait de la vie des bals pour s'étourdir, elle dansait chaque soir comme la plus frivole des femmes, et toutes les personnes qui la voyaient, qui lui parlaient, auraient pu croire que rien ne manquait à sa félicité. Elles oubliaient qu'une jeune femme heureuse par le cœur fuit les dissipations mondaines, les bals, les fêtes et ce tourbillon insensé; elles ne voyaient pas que ce qu'elles prenaient pour du bonheur n'était que l'étourdissement que se donnait Hortense sur sa misérable situation, qu'un dérivatif à ses déceptions — peut-être aussi à des remords secrets d'être si mauvaise femme pour son mari; — peut-être suivait-elle seulement son goût effréné pour le plaisir.

Chaque jour, cependant, Louis venait passer quel

ques heures auprès de sa désolée épouse. Il se mettait en frais d'esprit. Comme il en avait, qu'il avait aussi la volonté de plaire, il savait se montrer à son avantage. Il amusait sa femme par ses propos pleins d'entrain, émaillés de boutades spirituelles. Hortense prenait sur elle pour accueillir poliment ces avances, sentant en elle-même combien elle eût été coupable de décourager une bonne volonté si persévérante : mais une froide et banale politesse, c'était bien peu pour répondre à des attentions qui, à cet âge, ne demandaient qu'un mot pour se changer en amour. C'était si facile, pourtant ! Avec un peu de cœur... Mais Hortense ne le comprit pas ou ne le voulut pas ; elle avait mis son cœur en berne et son entêtement de petite fille fantasque fut cause du malheur de Louis, — de cela, elle se mettait peu en peine — et du sien, ce qui la touchait davantage.

Un jour elle reconnut, à n'en pas douter, qu'elle était enceinte. Triste jour ! Ce qui, dans tout autre ménage, est une joie immense, une fête quasi divine, fut, dans ce lamentable intérieur, accueilli d'un air morne. Un enfant, c'était un lien de plus qui la rattachait à cet époux dont elle ne voulait pas, c'était un obstacle à une séparation, à un divorce auquel elle avait songé dès les premiers jours du mariage, peut-être même avant ! Et, dans sa déconvenue, Hortense dit à son mari cette phrase mielleusement agressive: « Si je vous donne un fils, la première fois qu'il vous appellera son père, vous me pardonnerez peut-être d'être sa mère. » Un voile de deuil semblait étendu entre ces deux époux.

Surmontant enfin ses répugnances et ses préventions, Hortense, depuis quelque temps, s'était mise à répondre aimablement aux avances de son mari. Mais

Louis était tellement ulcéré, qu'il s'imagina qu'elle jouait la comédie, que ces amabilités n'étaient que de la coquetterie, par conséquent du mensonge. Il la repoussa avec humeur. Il y avait eu un moment décisif à saisir... Hortense avait laissé passer ce moment : maintenant, il était trop tard !

Quand un jeune ménage n'est pas heureux, c'est toujours du côté de la femme que se tournent les sympathies du public. C'est peut-être très chevaleresque, mais c'est peut-être aussi moins juste. Hortense, dans son ménage, n'avait pas mis assez du sien, c'est incontestable. Louis s'aigrit, cela devait être. Il ne savait pas, ou il n'eut pas assez de force de caractère, ce jeune philosophe, pour deviner qu'une bienveillance constante aurait peut-être raison d'une malveillance non moins constante, qu'une indifférence simulée serait peut-être plus habile, que l'esprit et la bonté finissent par l'emporter sur la mauvaise volonté et la prévention. Mais, alors, il eût fallu lui demander de ne pas être jeune. Il se piqua, ce qui était bien naturel; la mauvaise humeur le gagna, ce qui n'était pas moins naturel. Mais, ce qui l'était peut-être autant et qu'une délicatesse de sentiment eût dû lui interdire, « il se permit d'éclairer sa femme sur toutes les faiblesses qu'on prêtait à sa mère[1] », et sur ce chapitre, l'indignation le gagnant, sans voir ce qu'il y avait d'odieux à lui de parler ainsi à sa femme, il se lança à corps perdu. Aussi bien y en avait-il long à raconter. « Vous êtes, lui dit-il, la fille d'une mère sans morale; je ne veux plus que vous ayez un seul rapport avec elle; vous ne la verrez qu'en ma présence, et quand les convenances de

1. Mme DE RÉMUSAT, *Mémoires*, t. I, p. 357.

famille ne pourront nous dispenser de la voir. Rappelez-vous qu'à présent vous êtes une Bonaparte, que vos intérêts doivent être les miens et que ceux de votre mère, de votre frère ne vous regardent plus[1]. »

Dans l'exaltation de sa colère, il paraît même (c'est Hortense qui l'a raconté plus tard à sa mère et à Mme de Rémusat, mais faut-il la croire?) que Louis se laissa aller à des menaces insultantes : « Vous ne m'aimez pas, cela n'est pas difficile à voir, avait-il dit; peut-être auriez-vous mieux fait de me dissimuler charitablement vos sentiments de répugnance. Mais, si vous ne m'aimez pas, c'est probablement parce que vous en aimez un autre. Je ne vous demande pas quel est cet autre, mais je vous déclare dès à présent que je prendrai toutes les mesures nécessaires pour sauvegarder mon honneur. Je suis déterminé à faire tout, afin « d'échapper au sort commun à tous les maris. » Je vous déclare aussi que je n'aurai pas la faiblesse de devenir la dupe de ce que vous pourrez tenter pour me donner le change; je ne serai pas davantage la dupe de la douceur affectée par laquelle vous remplacez maintenant votre éternelle bouderie! »

Hortense avait écouté, tremblante d'épouvante, les déclarations — tristes déclarations pour de jeunes époux ! — que venait de lui faire son mari. Elle fut révoltée. Mais en analysant bien ses sentiments, elle eût vu qu'elle était plus blessée dans son amour-propre de femme que dans son affection filiale, par les outrageantes révélations qui venaient de lui être faites — et par qui ! — sur l'honneur de sa mère. Ces sortes de blessures ne se cicatrisent pas. La bonne entente pourrait-elle jamais revenir entre eux,

1. Mme DE RÉMUSAT, *Mémoires*, t. I, p. 357.

après une scène si révoltante ? L'oubli pourrait-il se
faire ?... Mais aussi, pourquoi Louis venait-il lui reprocher, après le mariage, les fautes de sa mère ?
Outre qu'elle n'en était pas responsable, les ignorait-il
donc auparavant ? Non, n'est-ce pas ? Il connaissait
toutes les aventures de cette aventurière qu'avait
épousée Napoléon : en acceptant sa fille pour femme,
il avait passé l'éponge sur les fautes de Joséphine.
Que venait-il donc les lui reprocher maintenant, et
à elle, sa fille ? Est-ce qu'elle y pouvait quelque
chose ?

Muette de terreur et de dégoût, Hortense se faisait
ces réflexions. Le tableau des scènes conjugales qui
marquèrent le retour de Bonaparte d'Égypte se re-
présenta alors à ses yeux, comme si elles étaient
d'hier ; elle se rappela son rôle de conciliatrice, elle
se rappela bien d'autres circonstances auxquelles elle
n'avait pas fait attention alors ; elle était si jeune !...
Un découragement profond s'empara de son âme.
Ah ! le poète l'a dit :

> Le crime d'une mère est un pesant fardeau !

Elle n'avait point à juger la conduite de sa mère,
mais le passé se couvrit à ses yeux d'un triste voile
de honte, tandis qu'un autre voile, de désespoir,
celui-là, s'élevait devant son avenir. La malheureuse
jeune femme expia cruellement en ce moment les
torts qu'elle avait envers son mari ; mais, outragée
dans ses sentiments les plus délicats, un retour à lui
devint dès lors impossible. Un mur d'airain sépara
ces deux époux.

D'ailleurs, de ce moment, les scènes entre eux se
firent fréquentes. D'après Mme de Rémusat, Louis ne
parlait à sa femme qu'en termes durs et méprisants.

Il était devenu ombrageux, défiant, amer; et, si dans une détente (car on se lasse de tout, même de la mésintelligence dans le ménage), si Hortense semblait revenir à lui, il la repoussait en disant : « C'est votre mère, c'est cette femme expérimentée qui vous conseille. »

Louis était, de tous les Bonaparte, celui qui avait l'extérieur le plus séduisant, l'esprit le plus cultivé. Peut-être qu'à la longue Hortense eût été ramenée à lui par ses avantages physiques. Mais il avait contracté pendant la campagne d'Italie, on le sait, une maladie qui, en lui viciant le sang, lui avait aussi vicié le caractère. L'incurable légèreté d'Hortense le rendit soupçonneux. Outre qu'il ne permettait pas à sa femme de passer une seule nuit à la Malmaison ou à Saint-Cloud sans lui (il se rappelait sans doute les bruits qui avaient couru avant son mariage et ne voulait pas donner à la médisance nouveau sujet de s'exercer sur ce point), il n'oubliait pas la liaison qui avait existé, bien réelle, celle-là, entre Hortense et Duroc, et ne se souciait pas que la jeune femme se retrouvât, sans lui, sous le même toit que le général. Aussi exigea-t-il que, lorsque Joséphine insistait pour la garder la nuit près d'elle, elle refusât et rentrât auprès de lui.

CHAPITRE III

Ce fut une bien importante affaire, dans la famille Bonaparte, que la grossesse d'Hortense. Comme le premier consul n'avait pas d'enfants, comme Joseph n'avait que des filles, que Lucien n'avait qu'une fille, il devint évident que Napoléon s'attacherait au premier enfant de Louis, qui était celui de ses frères qu'il aimait le mieux, surtout si cet enfant était un garçon. La question d'hérédité se soulevait déjà, comme si le régime consulaire était un régime monarchique. Il était donc non moins évident que cet enfant pourrait être appelé un jour à recueillir l'héritage de celui qui n'était encore que premier consul, mais que sa famille

s'attendait bien à voir devenir, sous un titre ou sous
un autre, le maître absolu de la France. Comme le
divorce semblait écarté des intentions de Napoléon,
le fils de Louis serait sûrement son héritier pré-
somptif. Des intrigues aussitôt se formèrent dans la
famille contre une semblable éventualité. Pour mettre
le public de leur côté, il paraîtrait que les Bonaparte,
les Murat surtout, firent de nouveau courir le bruit
que la grossesse d'Hortense était l'œuvre du premier
consul. Mme Murat, on l'a dit, le répéta à Louis. Les
défiances du malheureux mari d'Hortense n'en furent,
on le comprend, nullement diminuées. Quoiqu'il
n'ajoutât pas la moindre foi à ces calomnies, il res-
serra plus étroitement, pour empêcher le public de
jaser, la surveillance dont il entourait sa femme.
Cette surveillance prit même, paraît-il, un caractère
bas et vil dont il serait difficile de se faire une idée.
De même que Joséphine avait des espions à gages
pour lui rapporter tout ce que faisait son mari, Louis
payait des domestiques pour espionner sa femme. Il
va sans dire qu'il ne lui remettait ses lettres qu'après
les avoir lues lui-même, et qu'il lui interdisait toute
liaison, quelle qu'elle fût, avec qui que ce fût. C'était
assurément tyrannique, mais les dispositions à la légèreté qu'il découvrait chez sa femme, ce qu'il savait
de son passé, ce qu'il redoutait du présent, ne le jus-
tifiaient-ils pas un peu?

Mme Louis Bonaparte souffrit d'abord tout cela en
silence. Le moyen, d'ailleurs, de faire autrement?...
Se plaindre?... Et à qui? A sa mère? C'eût été lui faire
un reproche de l'avoir sacrifiée à ses combinaisons
égoïstes, et cela n'eût remédié à rien. Au premier
consul? Il ne pouvait, à cette situation, pas plus que
sa femme. Le mieux était donc de se taire. C'est ce que

fit Hortense. Bonaparte s'apercevait bien que le jeune
ménage n'allait pas d'une façon idéale, mais il savait
gré à Hortense de n'en rien dire et il espérait que le
temps, qui arrange bien des choses, arrangerait aussi
ce triste intérieur; la grossesse de la jeune femme le
lui faisait sincèrement espérer, et les affaires mul-
tiples dont il était obsédé ne tardaient pas à lui faire
perdre de vue une situation qu'il aimait mieux ne
pas envisager en face, parce qu'elle était en partie son
œuvre et qu'il n'y voyait pas de remède immédiat.

Le premier consul n'ignorait pas les bruits qui cir-
culaient dans Paris sur l'origine de la grossesse
d'Hortense; il ignorait seulement qu'on disait ses
frères et Mme Murat coupables de les avoir lancés, et
ce, dans l'espérance de voir Napoléon éloigner le
jeune ménage afin de faire taire la calomnie; de cette
façon, Joséphine serait privée des conseils d'Hortense,
et, par conséquent, plus facile à abattre. Le général
Bonaparte ne s'inquiétait guère de ces bruits, pensant
que le plus simple bon sens en ferait justice. Mais un
jour, il lut dans un journal anglais, organe de la petite
cour du comte d'Artois, à Hartwell, que Mme Louis
Bonaparte venait d'accoucher d'un garçon à Paris. Il
saisit aussitôt la perfidie de cette allégation qui ne
tendait à rien moins qu'à justifier les bruits qui faisaient la joie de ses ennemis. Aussitôt il donne l'ordre
de tout préparer pour un grand bal à la Malmaison
et fait lancer les invitations. Pendant le bal, il invite
Hortense à danser avec lui. Étonnée d'une invitation
qu'elle attribue à une simple formalité de courtoisie,
Mme Louis refuse. Elle était au septième mois de sa
grossesse; elle n'ignorait pas que Bonaparte voyait
avec une certaine répugnance les femmes enceintes
et qu'à plus forte raison il n'aimait pas à les voir

danser. Mais le premier consul insiste, ne fût-ce que
pour une contredanse. Hortense refuse encore. Enfin
Bonaparte revient à la charge avec une amabilité si
pressante qu'elle est bien forcée d'accepter.

Le lendemain matin, Hortense voit avec étonnement, dans un journal, une petite pièce de vers assez
gentiment tournée, sur une contredanse à laquelle
elle n'a pas dédaigné de prendre part malgré son état
de grossesse. Désolée d'une aussi indiscrète galanterie, elle s'en plaignit dans la journée à la Malmaison
et s'étonna en même temps que ces vers aient pu
être faits et imprimés dans la nuit même du bal.
Bonaparte, lui, souriait et ne disait rien ou répondait
évasivement. Hortense, intriguée, alla alors voir Bourrienne dans son cabinet. Elle lui demanda comment
tout cela avait pu se faire. Celui-ci ne crut pas devoir lui cacher, premièrement que ces vers avaient
été faits par ordre du premier consul, avant le bal,
secondement que le bal avait été donné pour les vers,
troisièmement que Bonaparte n'avait tant insisté
pour la faire danser que pour justifier ces vers, et que
le tout, enfin, était fait pour démentir l'article d'un
journal anglais qui avait annoncé son accouchement[1]. Tel était le mot de la charade.

Le bal, en effet, n'avait été donné que pour fournir
une occasion de faire connaître au public la grossesse
de Mme Louis Bonaparte, et, plus tard, le *Moniteur* du
21 vendémiaire informera officiellement la France de
la naissance du petit Napoléon-Louis par cet entrefilet : « Madame Louis Bonaparte est accouchée d'un
garçon, le 18 vendémiaire, à 9 heures du soir. »

Quant à Joséphine, elle n'avait pas vu arriver le

1. BOURRIENNE, *Mémoires*, t. V, p. 211.

moment de la délivrance de sa fille avec cet intérêt si naturel chez une mère. Outre qu'il lui était pénible, en y réfléchissant bien, de se voir passer ainsi dans le camp des grand'mères, — ce qui était assurément bien flatteur, mais ce qui était loin aussi d'être un brevet de jeunesse — elle avait craint longtemps qu'une couche prématurée ne vînt donner raison à la calomnie. Et alors, quel éclat de rire général ! Quelle joie méchante parmi tous les ennemis de la famille consulaire !... Enfin tout s'était passé normalement ; les inquiétudes de Joséphine étaient calmées, les propos calomnieux l'étaient aussi, ou du moins n'étaient plus répétés que par les sots ou les malveillants, et Hortense avait enfin dans son cœur un intérêt et une affection au lieu du vide et de l'aversion qui, seuls, l'occupaient depuis qu'elle avait un mari.

Il ne semble pas cependant que cet intérêt l'ait intéressée outre mesure durant les deux ou trois premières années. Le petit Napoléon-Louis, qui avait eu le premier consul pour parrain, était presque tout le temps avec sa nourrice, tandis que sa mère, qui, dès cette époque, affectait de n'aimer que la retraite, la solitude et la campagne, allait à toutes les fêtes, dansait le plus qu'elle pouvait et semblait ne se plaire que dans l'agitation et le tourbillon du monde. Elle commençait à poser, sinon pour la femme supérieure, du moins pour l'amie des lettres et des arts. En fait de lettres, son éducation était excessivement superficielle, pour ne pas dire rudimentaire ; le décousu apporté dans ses études par la période révolutionnaire d'abord, par les sorties et les congés non réglementaires ensuite, n'était qu'insuffisamment compensé par les lettres-sermons de Mme Campan. Mais, pour les arts d'agrément, Mme Louis pouvait se mettre hardiment à la tête des jeunes femmes de son temps.

On sait qu'elle dansait à merveille. Elle dessinait avec facilité et avait un goût marqué pour la musique. Comme elle voyait que ces dispositions, auxquelles le monde n'eût sans doute prêté aucune attention chez toute autre jeune femme, chez elle étaient l'objet d'une admiration générale, étaient citées et vantées comme talents de premier ordre, elle mit son amour-propre à mériter la réputation qu'on lui faisait à la cour consulaire. C'est ainsi qu'elle perfectionna, sous la direction des meilleurs maîtres, ses études assez élémentaires de Saint-Germain. Isabey la dirigeait pour le dessin et n'était pas trop mécontent de son élève. D'Alvimare, le maître de harpe de Joséphine (qui, par parenthèse, n'a jamais su jouer qu'un air sur cet instrument, assez seulement pour faire valoir ses bras), était aussi le sien. Hortense n'aimait pas beaucoup la harpe, non pas que les sons lui en fussent désagréables, mais parce qu'il fallait, pour en jouer, avoir les ongles courts. Et une de ses coquetteries, bien innocente celle-là, était de porter ses ongles fort longs, de les limer bien en pointe et d'éviter tout contact qui eût pu en altérer l'irréprochable coupe. Le jour où d'Alvimare était venu lui donner sa première leçon, il lui avait dit que ses ongles, élégamment allongés, faisaient valoir à ravir la beauté de sa main, mais qu'il fallait les couper pour apprendre la harpe. Hortense s'était récriée. « Couper mes ongles, monsieur! oh! non, je n'en aurai pas le courage! » Elle l'eut pourtant, — il le fallait bien; — et, allant prendre des ciseaux, elle vint d'un petit air contrit les donner à d'Alvimare; elle lui présenta ses mains, l'une après l'autre, et le maître de harpe consomma le sacrifice[1].

Un des plus grands avantages que donnent à un esprit distingué la fortune et un rang élevé, c'est de pouvoir approcher et fréquenter les hommes éminents dans les lettres, les sciences, les arts et dans toutes les sphères de l'activité humaine. Leur contact, ce semble, leur conversation, doit élever l'âme, piquer l'amour-propre d'émulation, reculer enfin les horizons de l'esprit chez tous ceux qui les approchent. Une nature ordinaire, dans un tel milieu, doit presque forcément devenir une nature supérieure. « L'avantage des grands sur les autres hommes, a dit La Bruyère, est immense par un endroit : je leur cède leur bonne chère, leurs riches ameublements, leurs chiens, leurs chevaux, leurs singes, leurs nains, leurs fous et leurs flatteurs; mais je leur envie le bonheur d'avoir à leur service des gens qui les égalent par le cœur et par l'esprit, et qui les passent quelquefois. » Il semble que c'est au frottement de ces esprits distingués en toutes choses qu'Hortense acquit cette sorte de vernis tout superficiel qui la fit donner pour une femme supérieure. Elle ne le fut pas. Elle eut une certaine facilité à dessiner et à jouer du piano, mais est-ce là des dons si rares? On a beau-

1. *Dictionnaire de Jal.* — On a prétendu que ce d'Alvimare, ancien émigré, fut un des amants d'Hortense. C'est possible, mais il est aussi difficile de prouver que de réfuter cette allégation; les mémorialistes sont muets sur ce point. La légèreté d'allures et de paroles de Mme Louis Bonaparte prêta, bien évidemment, à la propagation de ce bruit, et de bien d'autres. Le grave chancelier Pasquier, si indulgent pour Joséphine, a dit d'Hortense qu'elle avait « les manières beaucoup trop libres. » (*Mémoires*, t. I, p. 397). Peut-être n'y eut-il que des apparences là où l'on vit du mal. Mais les apparences, n'est-ce pas déjà un mal? Hortense avait le tort, en tout cas, de mettre ces apparences contre elle. Elle oubliait trop les conseils de Mme Campan.

Cliché Braun

LOUIS BONAPARTE et son fils LOUIS NAPOLÉON
d'après un tableau contemporain

coup vanté ses compositions musicales. Et était-elle bien l'auteur de ses romances? Il faut se défier de ces talents de princesses. La fameuse chanson de Marie-Stuart à bord de son vaisseau, *Adieu, plaisant pays de France*, est de M. de Querlon; la spirituelle reine Marguerite, femme de Henri IV, faisait faire ses vers par son secrétaire Maynard; la non moins spirituelle duchesse du Maine faisait faire les siens par Mlle Delaunay ou par Sainte-Aulaire. On a prétendu que M. de Forbin faisait les paroles de ces fameuses romances d'Hortense, et on sait à n'en pas douter que c'est M. Alexandre de Laborde qui a fait celles de *Partant pour la Syrie;* Plantade, celui qu'elle nomma plus tard son maître de chapelle, à La Haye, se chargeait d'en faire le chant, et Carbonnel, son *ordonnateur de la musique*, place créée tout exprès pour lui, en faisait l'accompagnement. Il restait, il est vrai, à Hortense le mérite de les chanter, et cela elle le faisait, sinon avec talent, du moins avec grâce et elle recevait, avec plus de grâce encore, les avalanches de compliments que lui valaient tant de mérites.

Les mécomptes que cette jeune musicienne avait trouvés, par sa faute, il faut bien le reconnaître, dans le mariage, pouvaient lui faire dire, comme à la duchesse de Duras : « Le désaccord dans les mouvements du cœur irrite comme le désaccord en musique, mais fait bien plus de mal. » Aussi ces mécomptes l'avaient-ils rejetée de plus en plus vers les arts. Elle crayonnait et peignait dans la matinée et faisait de la musique le jour, quand elle n'allait pas à la Malmaison. Car, comme la plupart des jeunes filles dès qu'elles sont mariées, Hortense ne pouvait plus se passer d'être près de sa mère. Louis ne voyait pas d'un bon œil que sa femme re-

cherchât sa mère. Il avait d'abord défendu tout autre
rapport avec elle que les rapports *officiels* strictement
nécessaires, mais la douce Hortense, qui pensait
sans doute comme Mlle de Meulan, que, dans ce
monde, « il faut bien se disputer, sans quoi la vie a
beau être courte, elle serait en vérité trop longue »,
la douce Hortense avait fait des scènes violentes à
son mari et celui-ci s'était considérablement départi
de sa rigueur première. Hortense aimait donc à aller
à la Malmaison, puis, plus tard, à Saint-Cloud, et
elle y allait autant qu'elle pouvait. Cela l'éloignait de
Louis, ou mettait tout au moins des tiers entre
eux. Mais, était-ce pour être loin de son mari et près
de sa mère qu'elle aimait ainsi à aller à la Malmaison? C'était plutôt pour s'y amuser. Elle courait
comme une biche à travers les allées du parc, escortée du charmant escadron des jeunes femmes de la
cour consulaire, et rien n'était plus joli à l'œil que
de voir ces formes féminines vêtues de blanc courir
comme des nymphes poursuivies par des satyres et
se perdre, avec mille cris joyeux, dans la verdure et
au travers des futaies. Ce spectacle était une des
grandes distractions du consul : « Rien ne le touchait,
a dit une des amies d'Hortense, comme une femme
portant avec grâce une robe blanche... En général,
l'*uniforme* des femmes, à la Malmaison, était une
robe blanche[1]. » Et, après avoir bien couru dans le
parc, après avoir fait des parties de *barres*, jeu que
Napoléon aimait comme un collégien, on rentrait
pour le dîner. « Il n'y avait alors (à la Malmaison ou
à Saint-Cloud) qu'une seule table, qui offrait une

---

1. Duchesse d'Abrantès, *Histoire des Salons de Paris*, t. III,
p. 352.

réunion de famille. Le premier consul occupait un des côtés, ayant auprès de lui Mme Louis Bonaparte, et Mme Bonaparte occupait le côté opposé. Les aides de camp du premier consul et sa maison étaient admis à sa table[1]. » Hortense se retrouvait donc fréquemment avec Duroc, à qui elle avait fait, de vive voix et par lettres, tant de protestations d'amour. Quelle contenance devait-elle faire devant ce jeune homme, à la tête duquel elle s'était jetée si inconsidérément, à l'encontre de toutes convenances, et qui n'avait pas voulu l'épouser?

Après le dîner et une promenade dans le parc, on faisait généralement de la musique, ou bien l'on répétait des pièces que l'on jouait ensuite devant un auditoire qui allait quelquefois jusqu'à quatre cents personnes. Hortense, on le sait, était une des meilleures actrices de la troupe.

Elle se distrayait ainsi du peu distrayant intérieur qu'elle s'était fait; elle s'étourdissait sur le présent et sur l'avenir en se répandant le plus possible au dehors, courant les bals, les concerts et les théâtres, ne manquant pas une fête. Son mari l'accompagnait le plus souvent. La période du consulat, époque de relèvement social, fut aussi le règne des plaisirs. Tout en affectant de ne pas s'y amuser, Hortense allait à toutes ces fêtes et, malgré un prétendu goût pour la simplicité, bien qu'elle affectât même de n'attacher aucune espèce d'importance à la toilette, elle ne laissait pas que d'avoir toujours sur elle les plus belles créations de Leroy, de Mlle Lolive ou de Mme Despaux, « elle était mise avec une grande richesse[2]. » Ses toilettes et ses chapeaux

1. MÉNÉVAL, *Mémoires* (édition Dentu), t. I, p. 67.
2. Mme DE RÉMUSAT, *Mémoires*, t. II, p. 350.

furent remarqués à la cérémonie religieuse qui fut
donnée à Notre-Dame pour l'intronisation du Concordat et à toutes les fêtes du temps.

Il y avait cependant, on l'a vu, plus d'un point
commun entre ces deux époux qui se fuyaient. Hortense affectait d'aimer les lettres; Louis, de son côté,
non seulement les aimait, mais les cultivait avec une
sorte d'acharnement. Il paraît même qu'il adressa à
Hortense des sonnets et des madrigaux. Celle-ci les
accueillit avec une hauteur dédaigneuse et l'amour-
propre froissé d'auteur entra encore parmi les élé-
ments de discorde de ce triste ménage. Hortense
continuait à rejeter, de parti pris, toutes les avances
de son mari, quelles qu'elles fussent. Oh! qu'elle
aurait bien fait de se pénétrer des sages conseils que
ne cessait de lui envoyer Mᵐᵉ Campan, comme si elle
savait qu'elle en avait le plus grand besoin! Et
comme elle eût dû méditer un peu sur *le devoir*,
dont elle parlait excellemment, mais qu'elle semblait
croire avoir été inventé pour les autres et non pour
elle! Comme elle aurait eu besoin de se rappeler
qu'elle avait juré *obéissance*, entre autres choses, à
Louis, le jour où elle l'avait accepté pour époux, et
que ce n'était pas dépasser les bornes de la complaisance que d'accueillir sans trop d'humeur les vers
qu'il lui adressait! Loin de là, quand elle allait aux
Tuileries, on la voyait quelquefois, avant le dîner, se
retirer dans l'embrasure d'une fenêtre et se mettre à
pleurer en silence. — « Qu'avez-vous, Hortense? lui
disait Napoléon. — Je n'ai rien. — Pourquoi pleurez-
vous? — Je ne pleure pas. — Mais si, vous pleurez;
n'êtes-vous pas heureuse? — Je suis très heureuse. »
Et les larmes redoublaient, et elle apportait le plus

souvent, à dîner, un air de victime résignée qui excédait la patience de son malheureux mari. Louis, non seulement souffrait de la voir ainsi, mais se sentait atteint dans son amour-propre en se voyant publiquement afficher par sa femme comme un homme qui la rendait malheureuse.

Louis aimait la musique. S'il offrait à Hortense d'en faire avec elle, elle refusait avec un air de lassitude, de découragement, qui décourageait sa bonne volonté, et, à peine était-il rentré dans son cabinet, qu'il l'entendait à son piano. Il allait alors se mettre au sien et se consolait mélancoliquement de ne pouvoir faire le moindre *duo* avec sa femme. En tout, Hortense continuait à lui témoigner la même aversion, la même hostilité. Franchement, il y avait de quoi s'aigrir et le malheureux Louis est bien moins coupable que sa femme de la mésentente qui ne cessa jamais de régner entre eux.

Rebuté pour ses vers, rebuté pour sa musique, le pauvre Louis voulut, pour distraire sa terrible femme, qui ne se contentait pas toujours de répondre par la force d'inertie à ses avances, et qui avait des impatiences dont elle ne cherchait nullement à modérer la violence, le pauvre Louis voulut attirer chez lui des hommes de lettres et des artistes. Ce n'était pas là agir en tyran, comme on s'est tant plu à le représenter. Hortense alors déployait pour ses invités tout le charme de sa coquetterie de créole et de Française ; elle cherchait à faire la conquête de tous, et y réussissait : aussi chacun, en se retirant, était dans l'enchantement de tant d'amabilité et disait : « Comment ne peut-on pas faire bon ménage avec une femme si parfaite? Il faut décidément avoir l'esprit bien mal tourné. » Et, de cette façon, les meilleures intentions de Louis, ses prévenances les plus délicates tournaient à son désavantage.

Louis fut, vers ce temps, nommé conseiller d'État. Il se mit avec ardeur à ses nouveaux travaux. Sa femme eut alors plus de liberté. Quand elle venait à la Malmaison, à Saint-Cloud, Hortense, se laissant entraîner par cet instinct inné de coquetterie qu'elle tenait de sa mère et que le laisser-aller de son éducation n'avait nullement réprimé, semblait prendre à tâche de s'engager en des *flirts* réglés, déréglés plutôt, avec les aides de camp et les officiers du premier consul. C'était alors des parties folles dans le parc, soit à pied, soit à cheval, des déjeuners sur l'herbe où, le champagne aidant, sa tenue était plus que légère, ses propos plus qu'excentriques[1]. Tout cela plaisait naturellement beaucoup aux jeunes fous qui l'accompagnaient et leur faisait dire : « Quelle femme charmante ! » Et c'est en partie de cette façon que s'établit la réputation d'amabilité d'Hortense. On conçoit que son mari ne partageât point cette manière de voir.

Le bruit de ces équipées venait parfois jusqu'aux oreilles du premier consul. Il en était fort contrarié, adressait à sa belle-fille les plus justes remontrances, et, comme toujours, finissait par pardonner. Comme toujours aussi, Hortense recommençait. Napoléon dut croire bien certainement que c'était là une infirmité commune à toutes les femmes. Joséphine était-elle autrement ? Et ses propres sœurs ? Et tant d'autres parmi celles qui l'entouraient ?

Mais Louis, qui était informé de son côté du manque

---

1. « ... Hortense avait trouvé moyen de scandaliser les hommes de ce temps-là par son dédain des préjugés. » (*Le Dernier des Napoléon*, p. 19).

de tenue de sa femme, faisait aussi des remontrances.
Elles étaient accueillies par un mépris hautain, une
indifférence dédaigneuse, et c'était de nouveau, entre
ces deux époux, des scènes violentes dont les éclats
arrivaient jusque dans le public. Aussi l'éloignement
s'accentuait-il de plus en plus entre eux, malgré de
louables efforts que Joséphine, si frivole pourtant,
faisait pour rappeler un peu à la raison sa trop peu
raisonnable fille. Mais elle n'y réussissait pas mieux
que Louis, pas mieux que le premier consul.

Quant à Mme Letizia, qui « n'avait pas vu avec
plaisir le mariage de son fils avec Hortense[1] », elle
s'apercevait bien que son fils n'était pas heureux ;
elle voyait, par les airs évaporés, dédaigneux, ou
malheureux de sa belle-fille, que c'était elle la coupable. Elle croyait alors de son devoir de lui faire
quelques observations qui n'étaient pas toujours
reçues avec la déférence convenable, — et c'était
encore là de nouveaux sujets à difficultés dans le
ménage.

A y bien songer, si Hortense avait eu de son
mariage une véritable douleur, une douleur de désespoir, comme elle affectait trop, en famille, de le faire
paraître, est-ce qu'elle aurait eu le cœur de se livrer
à toutes ces légèretés avec les aides de camp de son
beau-père ? Une douleur profonde, une douleur vraie
n'admet point de semblables distractions : elle se
renferme dans le cœur, elle se respecte et ne s'exhale
pas en éclats de rire et en propos joyeux, encore
moins en coquetteries avec de jeunes et brillants
officiers. Hortense était une névrosée, une fantasque.
Quand elle allait dîner aux Tuileries, elle s'affichait,

1. Th. Iung, *Lucien Bonaparte et ses Mémoires*, t. II, p. 269.

pleurant dans l'embrasure d'une fenêtre et semblant
quêter la commisération de chacun ; quand c'était à
la Malmaison, elle jouait comme une pensionnaire
et s'amusait comme une coquette fieffée. Elle s'était
avisée, dès le premier jour du mariage, de bouder son
mari ; elle continuait à le bouder pour ne point se dé-
juger : elle se serait sentie humiliée de revenir, parce
qu'alors c'eût été convenir qu'elle avait pu avoir tort.
Elle boudait donc, et, comme une petite fille, entêtée
dans son tort, elle s'obstinait à soutenir ce sot rôle.

Une situation aussi ridiculement fausse sembla
cependant lui plaire à la longue ; ou du moins elle
s'en accommoda aisément. Elle prenait des airs
résignés de femme incomprise ; elle laissait entendre
à chacun, plus qu'elle ne le disait tout d'abord, que
son malheur était sans bornes, et elle goûtait une
sorte de plaisir amer à s'entendre plaindre ; elle disait
n'aimer que la paisible solitude des champs, et
cependant elle ne manquait pas une fête : il est vrai
qu'elle prétendait n'y aller que par devoir, pour son
mari : la vie d'une femme mariée n'est-elle pas toute
de sacrifice ? Mais, puisqu'elle parlait de devoir et
de son mari, que ne s'avisait-elle de le remplir
envers lui ? Elle lui avait juré obéissance en l'épousant, et elle lui désobéissait en tout, mettant tous
ses soins à l'exaspérer par ses rebuffades, ses mauvais procédés, ses légèretés, et par ces mille coups
d'épingles qu'une femme acariâtre sait si bien lancer
à tout propos. Oh ! non, Hortense n'était pas affamée
de bonheur : elle ne l'était que de plaisir et de dis-
sipation.

Ce n'est pas ainsi que quelques mémorialistes et
les chroniqueuses du temps passé ont parlé d'elle.
Mme d'Abrantès, Mme de Remusat prenaient pour

Portrait d'ISABEY par lui-même

argent comptant toutes les doléances que, pour se
rendre intéressante, pour se mettre au-dessus des
autres femmes, leur faisait Mme Louis. Elles oubliaient
que les propos de la fille de Joséphine, surtout ceux
qu'elle tenait sur son mari et qui étaient répétés par
sa mère, ne devaient être acceptés que sous bénéfice
d'inventaire. Mme de Rémusat exagère évidemment
beaucoup en disant qu'Hortense fut « la femme la
plus malheureuse de son temps et la moins faite pour
l'être [1]. » Mme d'Abrantès tombe dans la même exagération en disant à peu près dans les mêmes termes :
« La reine Hortense est une des personnes les plus
malheureuses que j'aie connues [2]. » Il y avait par
milliers, parmi la masse de veuves que faisaient les
guerres éternelles de ce temps, des femmes infiniment plus dignes d'intérêt que Mme Louis Bonaparte,
et à la douleur vraie et imméritée desquelles se joi-
gnaient les complications de la gêne matérielle, trop
souvent, hélas! d'une misère noire. Qu'était-ce, à côté
de ces souffrances, que les conséquences voulues
d'une obstination ridicule sinon odieuse? Le bonheur était à portée de la main d'Hortense : un peu de
bonne volonté, moins d'entêtement, et aussi un peu
de patience, cette vertu si rare chez la femme, et
elle le tenait, ce bonheur après lequel elle soupirait
tant. Et quand Mme de Rémusat dit que « Bonaparte
a toujours fait profession de vénération pour Hortense » et qu'il disait quelquefois : « Hortense me
force de croire à la vertu ». elle oublie que le même
Bonaparte fut plus d'une fois obligé de faire à sa
belle-fille des remontrances sévères sur la légèreté

1. Mme DE RÉMUSAT, *Mémoires*, t. I, p. 152.
2. Duchesse D'ABRANTÈS, *Histoire des Salons de Paris*,
t. IV, p. 58.

qu'elle affichait avec ses aides de camp. Lorsqu'on fait un portrait, on ne doit pas en omettre les ombres. Et si Louis eut quelques torts envers sa femme, est-ce une raison pour dissimuler ceux, bien plus nombreux, que sa femme eut envers lui? Le chancelier Pasquier, qui est loin d'être une mauvaise langue, a dit que « les soupçons de Louis étaient justifiés par les manières beaucoup trop libres d'Hortense, et qu'il y avait entre les deux époux des scènes fort vives [1]. » Mme de Rémusat ne pouvait ignorer tout cela, ne l'eût-elle appris que par M. Pasquier, qui était de ses intimes.

Toute déraisonnable qu'était Hortense dans son attitude vis-à-vis de son mari, toute folle qu'elle se montrait lorsque, échappée de chez elle, elle se trouvait avec les officiers du premier consul, il lui arrivait cependant de donner de bons conseils à sa mère, qui ne laissait pas que d'en avoir besoin. Un jour que celle-ci s'était mise à fondre en larmes parce que Bonaparte, qui voulait répandre en France le goût des étoffes de soie et encourager ainsi les manufactures de Lyon, l'engageait à porter des robes de satin, Hortense avait consolé sa mère de ce gros chagrin et séché ses larmes puériles. Une autre fois, mais ceci fut plus sérieux, Bonaparte, que sa femme avait surpris en un *flirt* des plus accentués avec Mme Duchâtel [2], lui avait, dans un accès de colère, signifié sa volonté de divorcer. Mme de Rémusat, dame du palais de Joséphine, était venue en toute diligence informer Hortense de la disgrâce qui menaçait sa mère. Mais Hortense, qui ne considérait pas un divorce comme un malheur, — chacun, pour juger

1. Chancelier Pasquier, *Mémoires*, t. I, p. 397.
2. Voir *L'Impératrice Joséphine*, pages 48 et suivantes.

une chose, se reportant toujours à son point de vue
personnel — ne montra pas en cette circonstance
une grande pitié pour sa mère ; elle sembla faire
entendre à Mme de Rémusat, peut-être par pose, par
genre, que les femmes les plus à plaindre sont celles
qui ne peuvent espérer de divorcer. « Le divorce !
disait-elle, est-ce là un malheur ?... Ah ! croyez-moi,
il y a des femmes plus malheureuses ! » Et comme la
dame du palais de Joséphine semblait un peu étonnée
de tant de philosophie : « Au reste, continua Hortense, s'il y a une chance de raccommodement en
cette affaire, cette chance se trouvera dans l'empire
que la douceur et les larmes de ma mère exercent
sur Bonaparte ; il faut les laisser à eux-mêmes et
éviter de se trouver entre eux... » C'est ce qu'elle fit,
comme l'eût fait une bonne mère dans un désaccord
entre sa fille et son gendre — les rôles pourtant
étaient intervertis — et le raccommodement s'opéra
de lui-même.

Ces petits incidents ne troublaient que peu la singulière existence de bouderie égoïste et chronique
dans laquelle semblait obstinément se complaire
Hortense depuis son mariage ; les fêtes faisaient
heureusement diversion à cet état, et jamais il n'y en
eut tant dans Paris. Les plus belles étaient données
aux Tuileries. Hortense, qui trouvait qu'il était temps
pour elle de remplacer par des jouissances d'amour-
propre celles du bonheur qu'elle n'avait pas, cherchait à y faire briller les charmes d'un esprit que
chacun s'accordait à vanter ; mais quand l'œil inves-
tigateur de Napoléon s'arrêtait sur elle, elle baissait
involontairement les paupières, ne pouvant soutenir
le regard de celui dont elle rendait le frère malheureux ; peut-être aussi se sentait-elle coupable de

quelques légèretés dont elle craignait qu'il ne fût instruit et pour lesquelles elle redoutait une juste réprimande.

L'Empire se fit. Louis fut nommé connétable de l'Empire. L'hérédité fut déclarée dans la descendance de l'empereur, et, à défaut d'enfants, dans celle de Joseph et de Louis, qui furent créés princes impériaux. Le sénatus-consulte organique portait que l'empereur pourrait adopter pour son successeur celui de ses neveux qu'il choisirait. Mais auparavant, lors du consulat à vie, des tiraillements de famille s'étaient produits parmi les Bonaparte : les ambitions étaient incroyablement excitées chez eux, et ils voyaient avec jalousie l'affection que Napoléon montrait pour le fils de Louis. Son élévation à l'Empire raviva les ambitions, les jalousies et aussi la haine que les Bonaparte portaient aux Beauharnais. A en croire Mme de Rémusat, — et il ne faut pas toujours la croire — Louis défendit de nouveau à sa femme toute intimité avec sa mère. « Si vous suivez ses intérêts aux dépens des miens, lui aurait-il dit durement, je vous déclare que je saurai vous en faire repentir ; je vous séparerai de vos fils, je vous claquemurerai dans quelque retraite éloignée dont aucune puissance humaine ne pourra vous tirer, et vous payerez du malheur de votre vie entière votre condescendance pour votre propre famille. Et, surtout, gardez qu'aucune de mes menaces parvienne aux oreilles de mon frère! Sa puissance ne vous défendrait pas de mon courroux[1]. » Il est possible que Louis ait parlé de la sorte à sa femme : les mauvais

_____

1. Mme DE RÉMUSAT, *Mémoires*, t. I, p. 356.

procédés qu'elle avait eus pour lui pouvaient motiver, peut-être même justifier des paroles aussi dures. Las à la fin, Louis ne considérait plus que son intérêt. Il parait que c'est de cette époque que date l'altération de la santé d'Hortense, et Mme de Rémusat, son écho, n'hésite pas à l'attribuer, sinon aux mauvais traitements de son mari, du moins au chagrin qu'elle avait de se voir liée pour jamais avec lui. Il semble plus naturel de l'attribuer à sa seconde grossesse. Car Hortense était encore enceinte, à la grande satisfaction de Louis qui, pendant ce temps de grossesse, était plus tranquille sur son honneur de mari. Un second « gage de leur amour » comme disent les poètes, vint au monde le 2 brumaire an XIII (11 octobre 1804). Ce fut un garçon. Il fut appelé Napoléon-Louis et baptisé par le pape Pie VII.

Joséphine ressentit une grande joie de cette naissance : dans sa pensée, ce second enfant assurant à jamais l'hérédité, assurait en même temps sa propre situation ; c'est tout ce que cette femme, étroitement égoïste, y voyait.

On admira beaucoup, dans les premiers temps de l'Empire, la simplicité, la modestie, le manque d'ambition d'Hortense. Tout cela, cependant, était plus affecté que réel[1]. Il y avait évidemment du bon goût,

---

1. Cependant elle ne put, dans les premiers jours qui suivirent la proclamation de l'Empire, s'empêcher d'éclater de rire, comme l'eussent peut-être fait beaucoup d'hommes — Barras entre autres — en entendant Cambacérès ajouter l'épithète d'*auguste* au nom de Joséphine, un jour qu'il lui adressait la parole officiellement. Il paraît que le grave archichancelier fut si déconcerté de cette gaieté intempestive et doublement inconvenante, qu'il s'arrêta tout court au milieu de sa harangue. Mais, chez Hortense, la femme se compliquait toujours de la petite fille.

chez Hortense, à ne point se montrer enivrée des nouvelles grandeurs (puisque c'est ainsi que cela s'appelle) de sa famille ; mais n'y avait-il que du bon
goût ? N'y avait-il pas aussi le désir de faire ressortir,
par le contraste, les ridicules et les prétentions de ses
belles-sœurs ? C'est infiniment probable. Et puis il
ne faut pas oublier qu'ayant, depuis son mariage,
affiché des goûts de simplicité et d'isolement à la campagne (non pas cet isolement à deux que souhaitent,
à ce qu'on assure, certains jeunes époux), il lui fallait
bien, en dépit des événements, continuer à soutenir
son rôle, sous peine d'être traitée de girouette par
ses acrimonieuses belles-sœurs. C'est donc avec une
apparente résignation qu'elle devint *altesse impériale*
et qu'elle dut se laisser appeler *princesse*. Cet air de
soumission la servit à merveille lors de l'exécution
du duc d'Enghien : elle montra une sorte d'effarement
qui semblait demander ce qu'elle devait penser et
dire, tandis que son mari gardait un silence désap-
probateur et que sa belle-sœur Elisa écrivait à Napoléon une lettre de protestation que lui avait dictée
Fontanes.

L'empereur étant allé l'année suivante visiter son
camp de Boulogne, Mᵐᵉ Murat, qui avait ses projets
et voulait se rendre populaire dans l'armée, l'y rejoignit. Napoléon désira y voir venir également la femme
de Louis. Il écrivit donc à Joséphine, se plaignit de
n'avoir point de lettres d'Hortense et l'engagea à faire
venir sa fille au camp de Boulogne. Hortense se rendit
avec joie à cette invitation. Ce voyage devait d'autant
plus lui plaire que son mari n'en était pas. Il ne
voulut pas interrompre les bains qu'il prenait aux
boues de Saint-Amand. Elle a retracé elle-même, dans
ses *Mémoires*, qu'elle écrivit beaucoup plus tard, les

souvenirs qu'elle conserva de cette petite excursion.
Les honneurs que Louis XIV rendit à Mme de Maintenon au camp de Compiègne ne surpassèrent point
ceux que l'empereur fit rendre à la femme de son
frère. Voici, au reste, ce qu'elle raconte :

« Je partis seule avec mon fils et ma maison d'honneur. L'empereur habitait près de Boulogne une
petite campagne appelée le Pont-de-Briques. Sa sœur
Caroline et Murat en occupaient une autre près de là.
Je logeais chez eux et nous allions tous les jours
dîner avec l'empereur.

... « De tous les honneurs qu'une femme peut recevoir, ceux que rendent les militaires ont toujours
quelque chose de plus chevaleresque dont il est difficile de ne pas être flattée. Aucune circonstance, je crois,
n'avait rien réuni de plus imposant et de plus magnifique que les hommages dont j'étais environnée :
aussi est-ce la seule occasion où ils me firent impression.

« L'empereur me donna, pour m'accompagner, son
écuyer, le général Defrance. Je n'allais pas visiter un
camp, qu'aussitôt il ne fût sous les armes, manœuvrant devant moi. Je demandais la grâce de quelques
militaires punis pour quelque faute de discipline, et
j'étais accueillie par le plus vif enthousiasme. Tous
les états-majors à cheval escortaient ma voiture,
et partout une musique brillante annonçait mon
arrivée...

... « Un jour, on me donna un déjeuner au camp
d'Ambleteuse. Je voulus y aller par mer; malgré
le vent contraire, l'amiral me conduisit. Je vis les
Anglais et passai si près d'eux qu'ils auraient pu facilement s'emparer de notre yacht. J'allai aussi visiter
les Hollandais commandés par l'amiral Verhuell. Ils

me reçurent avec de grands *hourras*, aussi éloignés que moi de se douter qu'un an après je serais leur reine...

... « A ce déjeuner d'Ambleteuse, que le maréchal Davoust me donna sous la tente, des grenadiers avaient appris des couplets et venaient, avec la timidité d'une jeune fille, les chanter autour de ma table. J'étais surprise de leur tenue embarrassée, de leur air gauche et craintif...

... « La maréchale Ney me donna une fort belle fête à Montreuil, où son mari commandait. La matinée fut employée à faire manœuvrer les troupes devant moi ; le soir, il y eut un bal qui fut tout d'un coup interrompu par la nouvelle que l'empereur venait de s'embarquer. L'alerte fut générale; chacun de fuir et de se désespérer d'être au bal lorsqu'on passait en Angleterre. Une foule de jeunes officiers, présents à cette fête, se précipitaient sur la route de Boulogne que je parcourus comme eux avec la rapidité de l'éclair, toujours escortée du général Defrance qui brûlait d'impatience de se retrouver près de l'empereur. J'éprouvais moi-même une émotion inexprimable à l'idée qu'une si grande affaire allait se décider sous mes yeux. Je me figurais déjà voir de la tour d'Ordre le combat, et nos flottilles enfoncées disparaître sous les flots. J'en frémissais d'avance. Enfin j'arrive; je demande l'empereur, et j'apprends qu'il avait en effet présidé à l'embarquement de tous les camps pendant la nuit, mais qu'il venait de rentrer. Je ne le vis qu'au dîner...

... « Les huit jours accordés par mon mari étant expirés, je pris congé de l'empereur. Je passai par Calais, par Dunkerque [1]... »

1. *La Reine Hortense en Italie, en France et en Angle-*

Peu de temps après son retour de Boulogne, l'empereur fit un voyage en Italie et mit sur sa tête la couronne de fer des rois lombards. C'est pendant son absence que le prince Louis acheta la belle terre de Saint-Leu, tout près de Paris, dans la vallée de Montmorency, et consacra son temps aux embellissements de son domaine. Sa femme cependant s'enfermait de plus en plus dans la fausse situation qu'elle s'était faite dans son propre intérieur et ne semblait pas près de renoncer à un genre de vie si peu agréable. Ce qu'il y avait entre elle et son mari, c'était plutôt un malentendu et une obstination à ne pas vouloir reconnaître les premiers torts qu'elle avait eus envers lui. Il lui eût pourtant été facile d'en faire l'aveu franc et sincère, d'en exprimer ses regrets à cœur ouvert, et Louis avait assez de bonté pour accueillir des avances qu'il souhaitait de toute son âme et qui eussent apporté un terme à un état de choses si regrettable. Mais Hortense avait mis un faux point d'honneur à s'enfermer dans une réserve boudeuse et hautaine qui finit par devenir sa manière d'être habituelle : elle *posait* toujours pour la victime; quand on lui parlait, elle répondait par un soupir, montrant qu'une plaie cachée dévorait sa vie; elle avait ce sourire résigné des malades qui ont longtemps souffert, qui sont las de la lutte et n'attendent plus que de la mort la fin de leurs douleurs et de leurs mécomptes.

Lorsque Napoléon partit pour l'immortelle campagne d'Ulm et d'Austerlitz, il laissa son frère Louis à Paris. Il l'avait nommé, dans le courant de l'année, général de l'armée de réserve, et lui avait donné

terre pendant l'année 1831. Fragments de ses mémoires inédits, p. 246-255. Paris, 1861.

l'ordre, en partant, de recevoir beaucoup, afin de donner un peu d'animation à la capitale pendant son absence. Il avait aussi, un peu avant, créé des établissements pour recevoir les orphelines de la Légion d'honneur et mis ces établissements sous la protection de la princesse Louis.

On possède une lettre d'elle à propos de la création de ces établissements. La voici [1] :

> « Sire,
>
> « On dit que, malgré vos grandes occupations, vous pensez à former un établissement pour de jeunes personnes. M™ᵉ Campan, qui a fait le projet dont vous lui aviez parlé, m'a priée de vous l'envoyer, je n'ai pas cru devoir le lui refuser, par l'intérêt que je lui porte et par les bontés que vous avez eu (sic) pour elle. Vous voyez, Sire, combien je compte sur votre indulgence et sur votre amitié, cette assurance (sic) fera toujours mon bonheur, comme le désir de vous plaire fait ma plus chère occupation.
>
> « Votre fille, HORTENSE B.
>
> « Ce 14 frimaire (an XIV). »

Pendant le mois de décembre, on craignit que les Anglais ne profitassent de l'éloignement de Napoléon pour tenter quelque descente sur les côtes de la Hollande. En sa qualité de général commandant l'armée de réserve, le prince Louis reçut de son frère l'ordre de faire un voyage dans les Pays-Bas afin de s'assurer que toutes les mesures de défense étaient bien prises. Il devait aussi inspecter l'armée du Nord. Dans la pensée de l'empereur, qui avait déjà conçu le système

---

1. Archives nationales. — Cette lettre a été reproduite dans *Les Secrets des Bonaparte*, par M. CH. NAUROY.

d'un Empire suzerain entouré de monarchies vassales, ce voyage devait jeter les premières bases des relations qu'il se proposait d'établir entre son frère et la Hollande ; il avait décidé que la République batave serait érigée en royaume et que la couronne de Hollande serait donnée à son frère.

Louis partit donc pour son inspection. Ce fut un temps heureux pour sa femme. Triste chose que la situation d'une jeune femme qui ne se trouve heureuse que loin de son mari ! Hortense profita de sa liberté pour recevoir. Mais c'étaient des petites réunions, des réunions tout intimes. D'ailleurs, elle n'en pouvait donner d'autres sans que son mari en fût aussitôt informé, et les convenances, tout au moins, s'opposaient à ce qu'elle donnât en son absence de grandes réceptions. Elle convia donc quelques amis à venir passer la soirée chez elle; elle convoqua aussi quelques-unes de ses anciennes compagnes de chez Mme Campan. On faisait de la musique, on dessinait sur une grande table placée au milieu du salon, et l'on prenait le thé. Tout cela, en somme, était fort innocent. Mais, ce qui l'était peut-être moins, c'est que, entourée de militaires et d'artistes, elle ne pensait plus à s'occuper des femmes : elle avait la malheureuse habitude de ne regarder que les hommes, de ne parler qu'à eux, de ne sourire qu'à eux. « Tous les hommes sortaient de chez elle enchantés et presque amoureux, toutes les femmes humiliées ou irritées : aussi la trouvaient-elles haïssable [1]. » C'est qu'en la qualité de femme supérieure qu'elle affectait d'être, Hortense dédaignait de parler aux femmes que ne distinguait point une supériorité marquée sur les autres femmes. Elle

1. Général DE RICARD, *Autour des Bonaparte*, p. 215.

n'était aimable que pour celles que tout le monde s'accordait à trouver hors ligne. C'est pour cela que Mᵐᵉ d'Abrantès, par exemple, ne parle d'elle qu'avec les plus grands éloges ; de son côté, Mᵐᵉ de Rémusat qui, dans un aveuglement ou plutôt une indulgence excessive, la présente comme le modèle de toutes les vertus, ne lui reproche que peu de choses : « Son seul tort peut-être, dit-elle, était de ne pas donner à son intérieur toute la dignité qu'exigeait le rang où on l'avait élevée. Toujours intimement liée avec ses compagnes d'éducation, ainsi que les jeunes femmes qui la fréquentaient habituellement, elle avait dans les manières un petit reste des usages de sa pension qu'on a quelquefois remarqué et blâmé[1]. » Oui, il y avait chez Hortense, il faut le répéter, un côté petite fille ; c'était même le côté le plus apparent en elle ; on pourrait presque dire qu'elle resta toute sa vie petite fille. Dans ses dernières années, cependant, un peu de réflexion lui vint, elle écrivit des *Mémoires* dont plusieurs fragments ont été publiés, et dont on a pu lire un peu plus haut quelques lignes. On y découvre une certaine expérience de la vie, un grand art à montrer sa conduite sous le jour qui lui convient ; on y trouve aussi parfois — en paroles et à côté de sophismes qu'elle habille en principes — une véritable élévation de caractère. Mais, comme pour ses romances, ne se fit-elle pas aider ?

Cependant le prince Louis était revenu de Hollande. Sa femme dut renoncer alors à ses petites réunions intimes. Elle en conçut beaucoup d'humeur. L'empereur ne parvint pas à l'en consoler en l'adoptant, ainsi que son frère Eugène, par acte du 4 mars 1806.

---

1. Mᵐᵉ DE RÉMUSAT, *Mémoires*, t. II, p. 254.

A partir de ce moment, elle et Eugène joignirent à leur nom celui de Napoléon. C'est sans doute dans l'un de ses accès de mauvaise humeur qu'elle confia à sa mère ses chagrins de ménage; elle lui fit ses doléances les plus intimes, dans la pensée, sans doute, que sa mère ne les garderait pas pour elle et en ferait part à l'empereur. Elle eut tort : sa dignité eût dû lui faire un devoir de garder pour elle seule ses déboires et ses mécomptes, et de souffrir en silence.

Le voyage que son mari venait de faire dans les Pays-Bas n'avait pas été, paraît-il, favorable à sa santé. Sa vieille maladie se manifestait avec une virulence nouvelle et Hortense raconta à sa mère que le docteur Corvisart, devant l'inefficacité des remèdes qu'il prescrivait à son malade, lui avait, en désespoir de cause, conseillé de se donner volontairement la gale afin d'attirer au dehors les « humeurs peccantes » qui s'obstinaient à demeurer dans son corps, et le privaient presque, parfois, de l'usage de ses bras ou de ses jambes. On avait beau attribuer cet état de santé à un refroidissement pris le jour du couronnement, c'était sa maladie d'Italie qui continuait sourdement son évolution. Corvisart engagea donc le prince à revêtir la chemise d'un galeux et à dormir dans les draps qui avaient servi au susdit galeux. Son Altesse Impériale se résolut alors à envoyer chercher à l'hôpital les linges souillés dans lesquels Elle espérait trouver un soulagement à ses maux; Elle endossa la dégoûtante chemise et se coucha dans les draps pleins de gale. Tout cela, comme on le pense, eût été bien indifférent à Hortense; elle eût peut-être même trouvé une maligne satisfaction à voir son mari, soit dit sans jeu de mots, dans de si mauvais draps, mais ce qu'elle ne put voir avec la même satisfaction, c'est que le prince Louis, désireux de ne pas faire connaître à son personnel domestique, par conséquent à tout Paris, le remède bizarre qu'il essayait, ne voulut changer en rien ses habitudes. Sa femme couchait, depuis son mariage, dans la même chambre que lui, mais non dans le même lit. Il ne poussa pas l'exigence jusqu'à la forcer de partager son lit pendant la durée de son traitement par la gale, mais il ne lui permit pas de coucher dans une autre chambre. Un dais superbe, fait avec les plus riches étoffes, abritait ces princières et grotesques infortunes, dignes de pitié à tout prendre.

Enfin, tout eût encore été bien si, à ce qu'a dit Hortense, le prince Louis n'avait joint à ses extravagantes exigences des aphorismes outrageants pour elle et se résumant toujours en ceci, à savoir : « qu'un mari ne devait jamais se départir des précautions qui l'empêchaient d'abandonner une femme à son inconstance naturelle[1]. » Assurément, il n'avait pas tort de le penser, surtout de la sienne, mais il avait tort de le dire. Ces sortes de précautions n'ont jamais rien empêché. Une femme a de l'honneur ou elle n'en a pas : si elle en a, aucun mauvais procédé de son mari ne la fera manquer à son devoir : l'idée qu'elle a du devoir est bien trop haute pour qu'elle cherche à se persuader, à force de sophismes imaginés par la faiblesse, que des vexations justifient le déshonneur; si elle est légère, rien ne l'empêchera d'être infidèle, même au meilleur des maris; comme l'a dit Napoléon, ce n'est alors qu'une question de canapé.

Quoi qu'il en soit, connaissant sa femme et l'élasti

---

1. Mme DE RÉMUSAT, *Mémoires*, t. II, p. 306.

cité de ses principes, Louis ne pouvait être blâmé
d'avoir cherché à éviter, comme il le disait, « le sort
commun à tous les maris. » Mais il avait tort de ne pas
faire patte de velours à une femme si sensible à la
griffe et toujours prête à se rebiffer devant ses exigences. Le plus élémentaire amour-propre aurait
même dû l'engager à dissimuler des soins de santé
aussi répugnants. Il paraît même qu'il avait eu recours
à des remèdes plus dégoûtants encore, si c'est possible, et qu'il prenait « des bains de tripes qui infec-
taient la vieille Orangerie, au bout de la terrasse des
Feuillants [1] ». Toujours est-il qu'Hortense devint souffrante. Corvisart la questionna : elle lui fit ses con-
fidences, en profita pour confesser aussi son mari,
et il résulta de cet entretien que le docteur fut d'avis
que l'air qu'elle respirait dans la chambre du prince
lui était fort préjudiciable. Corvisart parla à Joséphine de cette situation aussi pénible que délicate.
Joséphine en parla à l'empereur, qui ne crut pas
devoir cacher à son frère son étonnement de semblables procédés. Mais Louis, qui apparemment ne se
sentait pas exempt de tout reproche, le prit de haut
avec son puissant frère : il lui déclara qu'il était maître
chez lui, qu'il entendait que personne ne se mêlât de
ses affaires, qu'il était seul juge de la conduite à tenir
avec sa femme, et que, si l'on faisait mine de vouloir
régenter son ménage, il n'hésiterait pas, pour conserver son indépendance, à aller s'établir à l'étranger.
Napoléon n'insista pas : il sentait que, si Louis avait
des torts envers Hortense, il ne pouvait, lui, le forcer
à vivre autrement qu'il ne le voulait. Il l'engagea
pourtant à avoir plus de ménagements pour sa femme,

---

1. Fr. Masson, *Napoléon et les femmes*, p. 178.

et, d'un autre côté, il exhorta Hortense à la patience. D'ailleurs, Louis, ne ressentant aucun bien de sa médication originale, ne tarda pas à y renoncer.

C'est environ vers ce temps que, les représentants du peuple hollandais ayant tenu un grand Conseil à La Haye, le bruit courut à Paris qu'un changement de gouvernement était imminent en Hollande. Presque aussitôt, une députation de hauts fonctionnaires hollandais vint à Paris. Elle fut reçue par l'empereur et le public apprit qu'elle était venue pour traiter des bases d'une convention en vertu de laquelle une monarchie, établie sur des lois constitutionnelles, serait fondée en Hollande. On négocia quelque temps. Enfin on tomba d'accord et, le 15 juin, la royauté fut proclamée et Louis Bonaparte appelé au trône de Hollande. On affirme que Louis n'avait pas été consulté, qu'il ne voulait pas accepter, mais que Napoléon lui déclara que, le peuple hollandais lui décernant la couronne, il n'avait pas le droit de la refuser. Mais c'est peu probable : tout cela fut une comédie et la scène se joua on ne peut mieux. Louis éleva quelques objections pour la forme ou pour satisfaire à certains scrupules de conscience; son puissant frère aplanit tout par quelques paroles et termina en lui recommandant les peuples qu'il lui confiait.

Si Hortense fut contente, cela n'est pas douteux. Elle avait beau jouer la modestie et se dire sans ambition, elle était infiniment flattée d'être reine. Malgré son mariage, elle demeurait Beauharnais de cœur; sa promotion au rang suprême était pour elle un triomphe sur ses beaux-frères et les Murat qu'elle détestait de plus en plus. Et puis, la nouvelle Constitution de la Hollande déclarait que, en cas de minorité,

Cliché Tallandier

Vue du CHATEAU de SAINT-CLOUD prise dans la seconde cour
d'après une estampe de BALTARD

la régence appartiendrait à la reine. Cependant, fidèle à son système de ne jamais se montrer satisfaite, elle dit, avec une sorte de dédain aussi prétentieux que de mauvais goût : « J'aurais préféré le trône de Naples. J'aurais rallumé la flamme des beaux-arts en Italie. J'aurais voulu recommencer le règne des Médicis et des princes de la maison d'Este. On me destine la Hollande, un royaume chargé de brouillards, sans soleil, sans poésie, un royaume de bourgmestres pesants et épais. J'aurais été reine à Naples, tandis que selon toute apparence je serai reine de Hollande à Paris. » Hortense est bien dégoûtée. Les arts ? Mais les peintres hollandais ne sont-ils pas renommés à l'égal des peintres italiens, et la Hollande, pour ceux qui aiment les arts, ne leur offre-t-elle pas toutes les satisfactions? Le ciel, il est vrai, n'est pas si bleu que celui de l'Italie : mais qu'est-ce que cela pouvait lui faire, à elle qui ne sortait jamais qu'en voiture? On trouve aussi, dans les mots qu'elle laissa échapper, un aveu singulier : c'est qu'elle serait allée avec son mari en Italie, mais qu'elle ne se proposait pas de le suivre en Hollande. L'indulgence qu'on avait pour elle interpréta ces paroles avec bonté : l'on répéta que la simplicité de ses goûts ne la portait nullement vers un trône et qu'il lui faudrait se faire violence pour se mettre une couronne royale sur la tête.

Louis voyait en tout cela « l'avantage d'enlever sa femme à la cour beaucoup trop libre de son frère et avait la pensée qu'il pourrait l'assujettir, en Hollande, à un genre de vie plus conforme à ses goûts et à ses convenances particulières [1] ». Quant à l'empereur, il se flattait que les devoirs de la royauté seraient une

____

1. Chancelier Pasquier, *Mémoires*, t. I, p. 398.

occasion de rapprochement entre ces deux époux, toujours hérissés l'un contre l'autre quand ils se trouvaient ensemble.

Le lendemain du jour où Louis avait été proclamé roi de Hollande, il se passa aux Tuileries un petit incident assez burlesque qui a sa place ici et qui est raconté par Mme de Rémusat. « Nous étions à déjeuner avec l'impératrice, dit-elle, lorsque son époux, entrant tout à coup d'un air fort joyeux et tenant le petit Napoléon (fils de Louis et d'Hortense) par la main, s'adressa à nous toutes de cette manière : « Mesdames, voici un petit garçon qui vient vous réciter une fable de La Fontaine que je lui ai fait apprendre ce matin, et vous allez voir comme il la dit bien. » En effet, l'enfant commença à débiter la fable des *Grenouilles qui demandent un roi*, et l'empereur riait aux éclats à chacune des applications qu'il y découvrait. Il s'était placé derrière le fauteuil de Mme Louis, assise à table en face de sa mère, et il lui tirait les oreilles en répétant souvent : « Qu'est-ce que vous dites de cela, Hortense? » On ne répondait pas grand'chose. Je souriais tout en achevant mon déjeuner, et l'empereur, tout à fait de bonne humeur, me dit en riant toujours : « Je vois que Mme de Rémusat trouve que je donne à Napoléon une bonne éducation [1] ».

Cependant, le jour du départ des nouveaux souverains pour leurs États approchait. Hortense voyait venir ce moment avec douleur. Elle eût préféré de beaucoup être, comme elle l'avait dit, « reine de Hollande à Paris » et laisser son mari aller seul à La Haye. Mais l'empereur avait décidé qu'elle le suivrait. Elle

1. Mme DE RÉMUSAT, *Mémoires*, t. III, p. 34.

essaya de l'attendrir pour qu'il l'autorisât à rester ; elle lui dit que, dans le mauvais état de sa santé, le climat humide de la Hollande lui serait funeste ; elle ajouta que la mésintelligence qui régnait entre elle et son mari ne lui serait pas moins fatale, qu'elle ne pouvait se résoudre à affronter son tête-à-tête, qu'elle redoutait de nouvelles persécutions de sa part, qu'elle était au bout de sa patience et qu'un beau jour elle se retirerait infailliblement dans un couvent pour y terminer une vie où elle n'avait connu que le chagrin et les larmes. L'empereur fut ému de ce langage, mais ne se laissa pas fléchir. Il rappela le devoir à cette femme qui n'avait de volonté que pour suivre ses caprices ; il l'engagea à prendre courage et patience et l'exhorta fort à ne faire aucun éclat. Tout cela fut dit avec indulgence et bonté. Il espérait d'ailleurs que l'élévation de Louis au trône ramènerait le calme et l'entente dans ce jeune ménage : des souverains ont si peu le temps d'être ensemble ! Mais ses prévisions furent déjouées. Le chancelier Pasquier a dit qu'il en fut pour Louis de la royauté comme du mariage : il en prit les devoirs beaucoup plus que les jouissances. Hortense, elle, en cela comme dans le reste, prit les jouissances et laissa de côté les devoirs. Aussi ne trouva-t-elle pas plus le bonheur sur le trône que dans le mariage. Il y a des gens qui se trouvent malheureux partout. Le bonheur demande, comme toute chose en ce monde, qu'on y mette un peu du sien. Hortense ne consentit à aucune concession. Il faudrait bien de la bonne volonté pour la trouver digne d'être plainte.

Les jeunes souverains partirent pour la Hollande huit jours après la proclamation de la nouvelle royauté. Ils se rendirent d'abord au château du Bois, près de La Haye, et firent quelques jours après une entrée solennelle dans leur capitale. On leur avait rendu les honneurs royaux pendant leur passage à travers l'Empire français : on les leur rendit aussi sur le territoire de leurs États.

Le roi et la reine s'installèrent au palais. Les appartements d'Hortense étaient meublés avec une grande simplicité et l'on a dit que la reine y était plutôt campée qu'établie. On a dit aussi que, si elle ne changea rien à l'ameublement, c'est qu'elle avait résolu de ne rester à La Haye que le moins de temps possible et de retourner à Paris dès qu'elle le pourrait. Pour ne point grever le budget du royaume, Louis eut le bon goût de se contenter de ce qu'il trouva.

Il fut loin d'être bien accueilli dans le pays qu'il venait gouverner. La ville de Rotterdam refusa même de lui remettre ses clefs. On le considérait comme un ennemi de la Hollande et on craignait, ce qui arriva en effet plus tard, que cette royauté nouvelle ne fût qu'un moyen de transition pris par l'empereur pour assurer, par une série de mesures administratives et autres, la réunion de la Hollande à l'Empire français. Il se mit cependant, dès son arrivée, à remplir en conscience son métier de roi, de roi hollandais. Il y apporta l'assiduité et l'esprit d'ordre méticuleux qui le distinguaient. Pendant quelques semaines pourtant, il dut interrompre son travail pour aller prendre les eaux de Wiesbaden, près de Mayence. L'état de sa santé, de moins en moins bon, l'y obligea. Sa femme l'accompagna dans ce voyage et en profita pour prendre les eaux elle aussi.

A son retour, le roi Louis, animé d'intentions d'ordre et d'économie dont on s'est moqué, mais qui méritent au contraire des éloges puisque, en définitive, cet argent qu'il ménageait était celui de ses sujets, dressa lui-même le budget des dépenses du palais, fit le règlement du service intérieur et veilla soigneusement à ce que l'ordre le plus exact régnât en tout.

Les Hollandais lui en surent gré tout d'abord : l'esprit d'ordre et d'économie est dans leur caractère national. Mais le roi ne tarda pas à se départir de la sage économie qu'il avait annoncée. Il monta sa cour sur un trop grand pied, multiplia les emplois, créa une garde royale nombreuse. Tout cela coûtait fort cher, et les contribuables ne tardèrent pas à s'en apercevoir par l'augmentation rapide des impôts.

En élevant ses frères sur des trônes, Napoléon fit une lourde faute. Les populations étaient humiliées d'obéir à des étrangers qui avaient à peu près pour tout mérite celui d'être frères d'un grand homme. Les Hollandais ne se plaignirent pourtant pas de leur nouveau roi; ils ne se plaignirent pas davantage de leur reine, mais ils ne purent s'empêcher de trouver que le personnel de la cour était bien nombreux; peut-être aussi trouvèrent-ils que l'élément hollandais aurait dû y être représenté un peu plus largement.

La maison du roi comprenait un grand écuyer, qui était M. Auguste de Caulaincourt, frère d'Armand de Caulaincourt, grand écuyer de l'empereur; un grand maître de la maison, M. de Senegras; un préfet du palais, M. de Boucheporn; un écuyer, M. de Marmold; un secrétaire des commandements, M. Després; des chambellans et enfin un maître de chapelle, M. Plantade.

La maison de la reine ne fut pas montée avec moins de luxe. Il y avait, comme chez l'impératrice Joséphine, une dame d'honneur, qui était la comtesse de Viry. Mme d'Abrantès, si bienveillante en général, a dit d'elle qu' « elle était une grosse personne, ayant

un gros mari et le fils le plus effroyablement laid que
Dieu ait lancé sur notre planète »; elle ajoute que le
proverbe italien « *e tanto buono che non val niente* »
semblait fait pour elle. Mme de Viry fut plus tard rem-
placée par Mme de Caulaincourt, mère des deux généraux de ce nom. Les dames pour accompagner, bien
faites pour distraire cette pauvre reine qui s'ennuyait
toujours, apportaient beaucoup d'agrément dans cette
cour. Il y avait la baronne de Broc, sœur de la maréchale Ney et de Mme César Delaville; ancienne cama-
rade d'Hortense chez Mme Campan, elle était demeurée son amie. Son mari était le grand maréchal du
palais. Devenue veuve de bonne heure, elle se fit une
loi de ne plus recevoir chez elle que des personnes de
sa famille. Bonne, d'ailleurs, et bienfaisante, quand
elle sortait seule, c'était pour porter des secours à
des malheureux, dans des greniers [1]. Après Mme de
Broc venait la comtesse Mollien, femme du ministre
du trésor de Napoléon; elle avait pour la reine une
admiration exagérée. Puis venait Mme de Villeneuve,
femme de M. René de Villeneuve, chambellan d'Hortense. Elle était fille du fameux comte de Guibert,
connu par ses écrits sur l'art militaire et encore plus
par les lettres de Mlle de Lespinasse : elle tenait de
son père le charme qui avait tant séduit Mlle de Lespinasse et un certain agrément dans la conversation.
« Elle était petite, parfaitement bien faite, des traits
réguliers, de beaux yeux noirs, de belles dents
blanches, et puis tout cela bien encadré et bien porté
par une personne toujours gracieuse [2] ». Son mari,
homme du monde accompli, apportait, dans l'exer-

1. Mlle COCHELET, *Mémoires sur la reine Hortense*, p. 71.
2. Duchesse D'ABRANTÈS, *Mémoires*, t. VI, p. 359.

cice de ses fonctions, ce « contingent de sociabilité » qui contribuait tant à donner à la maison de la reine un ton de distinction et de « comme il faut » qui manquait presque totalement dans les maisons des princesses impériales, sœurs de Napoléon.

La troisième dame du palais de la reine était la comtesse d'Arjuzon. C'était une belle femme, mais il fallait le savoir pour s'en apercevoir. Elle avait un ton parfait, mais, à force de voir les airs désolés de sa patronne et de modeler son humeur sur la sienne, elle avait fini par se coller au visage un masque de tristesse qui ne se détacha plus. La marquise de Coigny s'en moquait et disait qu'elle avait toujours l'air *d'avoir mangé sa soupe trop chaude*. On trouvait ce mot spirituel parce que Mme de Coigny avait une grande réputation d'esprit, et on le répétait de confiance, comme s'il valait quelque chose.

Enfin venait Mme de Boucheporn, femme du préfet du palais, chambellan de la reine. Elle fut un temps fort jolie, mais, hélas ! un temps seulement. Fraîche, blanche, duvetée comme une pêche et langoureusement capiteuse comme une rose, mais une rose sans épines, « elle sentait bon rien qu'à la regarder [1] ». Chose rare, elle était bonne, quoique belle, et pas coquette ; elle n'allait que le moins possible au bal. On a dit que c'était parce qu'elle ne pouvait se séparer un instant de son mari, mais on a soutenu aussi que son mari, un peu jaloux, comme le roi, ne voulait la laisser aller nulle part sans lui.

La gouvernante des jeunes princes, dans une famille royale, est toujours une personne d'importance.

---

1. Duchesse D'ABRANTÈS, *Mémoires*, t. VI, p. 361.

L'emploi en était tenu, à la cour de Hollande, par
Mme de Boubers. Cette dame avait sans doute de
grands mérites, mais les chroniques du temps pré-
tendent qu'elle était désagréable tout d'abord, quitte
à revenir ensuite à de meilleurs sentiments, car au
fond elle était bonne et possédait toutes les qualités.
Elle possédait aussi, ce qui n'était pas une qualité,
un nez de proportions phénoménales. « Longueur,
largeur, profondeur, rien n'y manquait. Je crois,
Dieu me pardonne, a dit une spirituelle chroni-
queuse, qu'en le faisant son père songeait à quelque
bastion, car elle était fille du chevalier de Folard,
fameux dans les matières stratégiques[1] ». Elle était
aidée dans ses fonctions par une sous-gouvernante,
Mme de Mornay.

Il y eut aussi, plus tard, une lectrice que l'histoire
ne doit pas oublier. C'était Mlle Cochelet. Bonne,
indulgente et dévouée à sa maîtresse, dont elle avait
été la compagne à Saint-Germain et dont elle avait
fait depuis son idole, elle était assez mal partagée
comme agréments extérieurs : « Sa toilette élégante
et son maintien un peu hardi annonçaient une prétention qui contrastait singulièrement avec une
grande taille sans beaucoup d'agrément et une figure
dont les traits fortement prononcés étaient sans
charme[2] ». Aussi les bonnes âmes qui l'entouraient
l'appelaient Mlle *Cochelaide*. Elle avait quelques prétentions au bel esprit et a écrit des mémoires sur la
reine Hortense : elle y chante tout au long, dans des
pages que Sainte-Beuve a qualifiées de *fort plates*[3], les

1. Duchesse d'Abrantès, *Mémoires*, t. VI, p. 362.
2. Georgette Ducrest, *Mémoires sur l'impératrice Joséphine*, t. II, p. 56.
3. Sainte-Beuve, *Portraits de femmes*, p. 397.

Cliché Tallandier

Le CHATEAU de SAINT-LEU d'après un dessin de CONSTANT BOURGEOIS

litanies de sa gracieuse patronne. Cette soubrette de cour épousa le commandant Parquin, qui fut le compagnon du prince Louis dans ses criminelles tentatives de Strasbourg et de Boulogne, mais qui a gagné une réputation de meilleur aloi en écrivant ses amusants *Souvenirs et campagnes d'un vieux soldat de l'Empire.*

Enfin, toute cour a son aumônier. La reine appela à cet emploi l'abbé Bertrand, qui avait été l'aumônier du pensionnat de Mme Campan. Cet abbé, après la chute de l'Empire, demeura auprès d'Hortense et fut le précepteur du prince Louis, le futur Napoléon III.

Plus tard, quand la reine habita Paris, elle prit un ordonnateur de sa musique, qui fut Carbonnel, et un ordonnateur des arts, qui fut Garnerey. A la façon de cette dame de la cour d'Henri III qui *envoyait ses pensées au rimeur*, ne lui fallait-il pas des gens du métier pour lui faire ses romances et commencer les dessins qu'elle finissait.

Dans cette cour, on peut remarquer qu'il y avait surtout des ménages : les deux chambellans de la reine étaient mariés et leurs femmes avaient des emplois auprès d'elle. Il est probable que ce n'était pas sans une secrète et précautionneuse intention, justifiée après tout par les légèretés d'Hortense, que le roi avait fixé ces choix.

On peut remarquer aussi que ce personnel appartenait entièrement à l'ancienne noblesse. La *reine royaliste*, comme on appelait Hortense, avait tenu à ne s'entourer que de gens à titres et à particules. On retrouvait, sous la couronne royale, l'ancienne pensionnaire de Saint-Germain qui affichait, chez Mme Campan, des opinions royalistes; et, comme ses dames du palais étaient, en partie, ses anciennes compagnes,

il régnait à cette cour un certain laisser-aller qui
contrastait avec la sévère étiquette de la cour impériale et faisait ressembler le salon de la reine, surtout
quand on y jouait aux jeux dits innocents qu'elle
affectionnait, à une classe de jeunes pensionnaires en
récréation.

Ce monde de courtisans était, à l'instar de celui des
Tuileries, doré sur toutes les coutures. Les grands
officiers avaient un habit vert brodé en or, et la bro-
derie était la même que celle de la maison impériale ; l'habit des chambellans était rouge et or, celui
du préfet du palais et des écuyers bleu et or. L'uniforme de la garde royale était en drap blanc avec des
revers cramoisis. C'est l'habillement que le roi portait de préférence.

CHAPITRE IV

La Hollande était loin, en ce moment, de se trouver dans une situation prospère. Ce pays si riche offrait alors un spectacle désolant. Les ports, autrefois animés par le va et vient de nombreux bâtiments, étaient déserts ; les quais, mornes et inanimés ; les entrepôts de marchandises, abandonnés. Amsterdam, Rotterdam ne voyaient plus flotter dans leurs eaux que quelques vieilles carcasses de vaisseaux désemparés. Les grands magasins étaient fermés ; fermées aussi les boutiques ; plus de mouvement dans ces villes d'affaires : l'herbe croissait dans les rues. Ce n'est qu'à La Haye qu'on trouvait un peu de vie, mais vie factice et de représentation plutôt que vie réelle. Les souverains, leur cour, les fonctionnaires et employés de tout rang, les représentants des puissances y répandaient un peu d'animation; mais les quelques familles du pays qui étaient restées riches au milieu de la ruine générale vivaient modestement et ne se mêlaient point au mouvement que cherchait à créer le nouveau gouvernement. « Grande et singulière nation, a écrit un homme de grand sens qui la visita précisément en cette année 1806, nation sérieuse et sensée, économe et persévérante, qui a payé la liberté civile et religieuse de tout le prix que les hommes y peuvent mettre, de quatre-vingts ans de ruines, de combats, d'échafauds, de bûchers, et qui, sachant conserver les mœurs, les goûts simples, l'énergie tranquille et insurmontable, sous la domination française, sachant en faire emploi sous la République, et passer de l'une à l'autre, selon le temps, avec une sorte d'indifférence magnanime, n'a jamais, ou du moins presque jamais, promis la liberté par la turbulence et l'ordre par la servitude ![1] »

C'est dans ce pays, ruiné par l'occupation française sous la Révolution, ruiné par le blocus continental, que la légère Hortense était appelée à régner; c'est à ce peuple de travailleurs et de commerçants sérieux et honnêtes, qu'elle traitait dédaigneusement de « bourgmestres pesants et épais », qu'il fallait qu'elle cherchât à plaire. Il paraît cependant que, si ces « bourgmestres » ne lui plaisaient pas, elle leur plut assez, ainsi que son mari. « Il est certain, a écrit

----

1. Duc de Broglie, *Souvenirs*, t. I, p. 50.

Mme de Rémusat, que Louis Bonaparte réussit d'abord auprès des Hollandais. Sa femme partagea son succès [1]. » Mme de Rémusat, qui semble avoir intérêt à noircir le roi Louis, ajoute qu'il fut jaloux des sentiments qu'on témoignait à Hortense. C'est peu probable. Louis était franc et loyal; il n'avait pas une nature basse. Cependant, pour se prononcer avec sûreté, il faut entendre d'autres sons. Un seul ne saurait faire autorité. Stanislas Girardin, qui alla auprès de Louis en mission, précisément en cette année 1806-1807, a écrit : « Il est impossible d'avoir connu le roi et de ne pas l'aimer : il possède toutes les rares qualités qui servent à constituer un honnête homme... [2] » On ne peut, devant cette appréciation d'un homme éclairé et presque indépendant comme l'était Girardin, croire les bruits dont Mme de Rémusat s'est faite le complaisant écho.

La reine ne s'accordait pas avec son mari : ses dames du palais, qui étaient aussi ses amies, excusaient sans doute avec trop de bienveillance — car, aimable pour son entourage, elle en était aimée — des erreurs que les femmes pardonnent volontiers aux autres femmes; pouvant peut-être avoir besoin pour elles-mêmes de quelque indulgence, elles rejetaient naturellement tous les torts sur le roi Louis. N'était-il pas son mari ?

Hortense, après avoir organisé sa maison, chercha à se distraire. Elle visita les musées, et ses goûts artistiques trouvèrent largement à se satisfaire. Elle fit des excursions, alla voir toutes les curiosités des environs; mais il en est une que, toute reine qu'elle

---

1. Mme DE RÉMUSAT. *Mémoires*, t. III, p. 37.
2. Stanislas GIRARDIN, *Journal et Souvenirs*, t. I, p. 399.

était, elle ne put parvenir à voir. C'est le singulier village de Broeck, où étaient déposées les richesses produites par l'ancien commerce hollandais : diamants, dentelles, bois des îles, etc. Le roi approuva cette prohibition parce qu'Hortense n'avait pas fait annoncer d'avance sa visite [1], mais la reine n'était pas contente. « En 1806, a écrit le duc Victor de Broglie, ce village offrait à coup sûr le coup d'œil le plus extraordinaire. Les rues étaient dessinées par des haies de buis, à hauteur d'appui, représentant des figures humaines ou autres : ici, une partie de whist, là un concert composé de musiciens et d'instruments de musique; on arrivait à la place centrale par le manche du violon. Le sol des rues était recouvert en sable fin de diverses couleurs; ce sable était distribué en compartiments réguliers qui se maintenaient en cet état presque sans efforts, parce que personne ne traversait ces rues artificielles. Les maisons du village, entourées de petits jardins, communiquaient entre elles par des sentiers; le derrière de chaque maison était invariablement tourné du côté de la rue et percé d'une porte qui ne s'ouvrait pour chaque habitant que dans trois grandes circonstances, la naissance, le mariage et la mort. C'est dans l'intérieur de ces maisons que reposaient toutes les merveilles dont on parlait tant; les maisons appartenaient presque toutes aux membres de la compagnie d'assurances d'Amsterdam; personne n'y était admis qui ne fût de la famille de chaque propriétaire. On m'a dit que la reine Hortense, ayant insisté pour entrer, au moins une fois, dans l'une de ces maisons, n'a pu triompher de la résistance qui

---

1. MÉNEVAL, *Mémoires* (édition Dentu), t. II, p. 482.

lui était opposée, et a fini très sagement par s'y résigner [1] ».

Mais ce à quoi elle eût fait non moins sagement de se résigner, c'était à une vie sérieuse et digne. Mme de Rémusat dit qu' « après avoir exigé que la nouvelle reine tînt une cour brillante, Louis changea tout à coup ce qu'il avait prescrit et la réduisit peu à peu à une vie très solitaire ». Le roi avait sans doute ses raisons pour agir de la sorte. L'incurable coquetterie d'Hortense en était probablement la cause et non la jalousie que le roi aurait eue, selon Mme de Rémusat, de la popularité de la reine. Franchement, avait-il tort de songer à sauver du naufrage de ses espérances de bonheur son honneur de mari et sa dignité d'homme? Et c'est pour cela que l'on a dit que « cette jeune femme, toujours malade et profondément mélancolique, s'aperçut que son époux ne voulait point qu'elle partageât avec lui les sentiments qu'il désirait inspirer aux Hollandais. Devenue, par ses chagrins continuels, indifférente à tout succès, elle s'isolait au fond de son palais, où elle vivait à peu près prisonnière, se livrant aux arts, qu'elle aimait, et jouissant avec passion de la tendresse extrême qu'elle avait pour son fils aîné [2] ».

N'est-il pas plus naturel de croire qu'elle continuait à tenir, vis-à-vis de son mari, la même conduite que dans les premiers temps de son mariage? Stanislas Girardin, qui, à cette époque, fut admis dans l'intimité du ménage royal, a raconté ce qu'il a vu de cet intérieur. Il n'a rien remarqué qui sentît la mésintelligence entre les deux époux. Peut-être prenaient-

1. Duc de Broglie, *Souvenirs*, t. I, p. 52.
2. Mme de Rémusat, *Mémoires*, t. III, p. 38.

ils leur masque officiel devant les étrangers, mais la reine ne ressemblait nullement à la victime passive et résignée qu'on a faite. « Il est impossible, dit Stanislas Girardin, d'avoir été plus gracieuse. En sortant, elle nous engagea à prolonger notre séjour ici et à venir chez elle tous les soirs [1] ». Comment aurait-elle pu faire cette invitation si son mari l'avait tenue dans l'esclavage que l'on dit?

Il paraîtrait, toujours d'après Mme de Rémusat, qui ne fait que répéter les dires d'Hortense, répétés peut-être déjà par Joséphine, que, non content de faire mener à sa femme une vie solitaire — et ceci est démenti par l'invitation qu'elle fit à Girardin d'aller chez elle tous les soirs — le roi avait pour elle une jalousie précautionneuse blessante. Il l'avait entourée d'une surveillance, ou plutôt d'un réseau d'espions qui ne lui laissaient rien ignorer de ce qu'elle pouvait faire. Plus d'une fois elle trouva son secrétaire ouvert et ses papiers bouleversés. Les lettres étaient décachetées, même celles qu'elle écrivait, dans la crainte, disait-elle, qu'elle ne se plaignît des mauvais procédés qu'on avait pour elle.

Ces témoignages sont suspects. Stanislas Girardin, qui apportait des lettres à Hortense, dit : « La reine fut bonne et aimable, comme de coutume; je lui remis des lettres de l'impératrice, de la reine : « J'aime que l'on m'écrive, dit-elle, que l'on pense à moi; on aurait bien tort de m'oublier, car je n'oublie personne. Mon frère Joseph a dû être content de moi, car, pendant mon séjour à Mayence, je lui ai écrit fréquemment; je lui ai mandé une foule de petites nouvelles dont l'éloignement seul fait sentir tout le

1. Stanislas GIRARDIN, *Journal et Souvenirs*, t. III, p. 402.

prix[1] ». Ces mots démentent bien évidemment l'allégation de Mme de Rémusat : si le roi avait exercé une surveillance blessante sur sa correspondance, il est certain qu'Hortense aurait renoncé à écrire plutôt que de se soumettre à un contrôle outrageant.

Il est cependant possible que l'empereur ait appris par la reine que le ménage n'allait pas mieux à La Haye qu'à Paris. Voici une lettre qu'il écrivit à son frère, à propos d'Hortense, et qui pourrait le laisser croire :

« Finkenstein, 4 avril 1807.

« Vos querelles avec la reine percent dans le public. Ayez donc, dans votre intérieur, ce caractère paternel et efféminé que vous montrez dans le gouvernement, et ayez dans les affaires ce rigorisme que vous montrez dans votre ménage. Vous traitez une jeune femme comme on mènerait un régiment... Vous avez la meilleure femme et la plus vertueuse et vous la rendez malheureuse. Laissez-la danser tant qu'elle veut, c'est de son âge. J'ai une femme qui a quarante ans; du champ de bataille, je lui écris d'aller au bal. Et vous voulez qu'une femme de vingt ans qui voit passer sa vie, qui en a toutes les illusions, vive dans un cloître, soit comme une nourrice toujours à laver son enfant! Vous êtes trop, vous, dans votre intérieur, et pas assez dans votre administration. Je ne vous dirais pas tout cela sans l'intérêt que je vous porte. Rendez heureuse la mère de vos enfants; vous n'avez qu'un moyen : c'est de lui témoigner beaucoup d'estime et de confiance. Malheureusement vous avez une femme trop vertueuse; si vous aviez une femme coquette, elle vous mènerait par le bout du nez. Mais

____

1. Stanislas GIRARDIN, *Journal et Souvenirs*, t. III, p. 402

vous avez une femme fière, que la seule idée que
vous puissiez avoir mauvaise opinion d'elle révolte et
afflige. Il vous aurait fallu une femme comme j'en
connais à Paris. Elle vous aurait joué sous jambe et
vous aurait tenu à ses genoux. Ce n'est pas ma faute,
je l'ai souvent dit à votre femme[1] ».

Napoléon en parlait à son aise, mais savait-il bien
ce qui se passait dans ce ménage? Qui donc, hors les
deux époux, pouvait le savoir? Témoigner, comme il
le disait, beaucoup d'estime et de confiance à une
femme qui perdait la tête dès qu'elle se trouvait avec
des hommes et se faisait rappeler à l'ordre et aux
convenances par Napoléon lui-même, c'eût été bien
imprudent. La confiance, dans ce cas, devient de la
candeur, et la candeur, auprès d'une coquette qui ne
s'embarrasse ni de principes ni de scrupules, qui,
pour parler comme Joseph de Maistre, ne se laisse
pas gêner par sa conscience, est bien près de ressembler à de la sottise. Napoléon, en 1796, avait
témoigné estime et confiance à sa femme, et elle
l'avait indignement trompé. Il avait pardonné, avait
rendu confiance et estime à la même femme, était
parti pour l'Égypte, et elle l'avait trompé plus effrontément encore en prenant son amant sous son toit.
Napoléon oubliait ces choses, qui sont pourtant de
celles qu'on n'oublie pas. Il oubliait que la femme de
Louis était la fille de Joséphine et qu'elle avait les
idées aussi larges que sa mère sur la fidélité que les
femmes doivent à leur mari. Il la trouvait trop vertueuse, pas assez coquette! Pour trouver cela, il fal-

1. *Correspondance de Napoléon Ier*, t. XV, p. 25, pièce 12274,
Napoléon au roi de Hollande, Finkenstein, 4 avril 1807.

lait, en vérité, être le mari de Joséphine, et Louis n'a sans doute pu réprimer un sourire en lisant ces phrases. D'ailleurs, celui qui se mêle de prononcer entre deux époux risque fort de juger en grande ignorance de cause. Personne ne peut connaître toutes les pièces du procès, les dessous de chaque chose, les nuances aggravantes ou atténuantes qui dénaturent certains mots, les choses qui ne se disent pas... Et c'est par un don quichottisme mal entendu, plutôt que par un sentiment véritablement chevaleresque, que le monde, en pareil cas, donne invariablement raison à la femme contre le mari : c'est comme la foule imbécile qui, voyant arrêter quelqu'un, sans se préoccuper du méfait de celui qu'on arrête, prend invariablement parti pour le malfaiteur contre le sergent de ville.

Louis était assurément trop raide avec sa femme, mais il était si jeune! Quatre ans de plus qu'Hortense, pas davantage. Il ne savait pas encore qu'en ménage, plus encore qu'en politique, il faut souvent mettre une sourdine à l'expression de sa pensée et de ses sentiments, amoureux ou non. Sa femme, d'ailleurs, ne se mettait pas en peine de le lui apprendre et ne prêchait guère d'exemple. En tout cas, chacun était franc vis-à-vis de l'autre, mais, hélas! pour se témoigner une aversion réciproque. Il est cependant remarquable que, ayant la même franchise, ayant les mêmes tendances artistiques, ils ne se soient pas mieux entendus. Le goût très vif qu'Hortense avait pris pour Duroc en est évidemment la cause primordiale; son extrême légèreté avec les hommes, la défiance de son mari qui en était la conséquence naturelle, en sont une autre cause. Il eût fallu chez Hortense plus de retenue envers les hommes, moins

de réserve envers son mari, la volonté de lui plaire,
de lui prouver son attachement à lui et au devoir, et
alors les défiances jalouses de Louis seraient tombées
toutes seules. Mais alors Hortense n'eût plus été Hortense...

La jeunesse sans gaieté, le mariage quand il n'est
accompagné que de chagrins, ont bientôt fait de rui-
ner la santé la plus solide. Hortense commençait à
être souffrante; elle se plaignait de malaises continuels; elle était même devenue tout à fait patraque et
disait que le climat de la Hollande ne lui convenait
pas. Le roi, qui, plus malade que sa femme, souffrait
davantage de l'humidité du pays, ne se plaignait pas
et n'était pas loin de penser que la reine faisait la
malade pour que son médecin lui ordonnât un changement de climat. Tous deux dépérissaient visible-
ment, pour les mêmes causes tant physiques que
morales, et chacun ne s'apercevait que de son propre
dépérissement. Hortense finit par tomber dans une
sorte d'humeur noire dont rien ne la pouvait tirer. Le
roi, moins tyran qu'on ne l'a dit, l'envoya changer
d'air dans une de ses maisons de campagne, au bord
de la mer.

Rien ne porte à la mélancolie comme la vue jour-
nalière de la mer : quand l'âme est déjà triste et malade, une sorte de dégoût, de lassitude, de *tædium
vitæ*, comme disaient les Romains, finit par l'envahir,
à moins qu'elle n'ait la force de réagir contre cette
impression et de n'en prendre que ce doux berce-
ment qui endort les douleurs. Hortense se laissait
aller à un découragement indigne d'une femme de
son âge, d'une mère de famille. Elle n'a jamais su, du
reste, se tracer à elle-même une ligne de conduite et

la suivre. Elle trouvait un plaisir amer à se dire qu'elle était malheureuse, qu'elle souffrait, que ses maux étaient sans remède; et, son imagination romanesque aidant, ses rêves de grande enfant névrosée lui faisaient faire les souhaits les plus extravagants. N'a-t-elle pas dit, plus tard, à Mme de Rémusat, que, lorsqu' « elle considérait devant elle cet océan sur lequel les bâtiments anglais régnaient en maîtres et venaient bloquer les ports, elle souhaitait ardemment que quelque hasard en amenât un sur la rive, et qu'on tentât une descente partielle dans laquelle elle aurait été enlevée prisonnière? [1] »

C'est alors que les médecins lui prescrivirent les eaux d'Aix-la-Chapelle. Le roi, à qui ces mêmes eaux ne pouvaient faire que du bien, s'y rendit avec elle.

La surveillance jalouse du roi Louis sur sa femme n'était pas, à tout prendre, aussi sévère que le dit Mme de Rémusat, puisque, dans le courant du mois d'octobre 1806, tandis que Napoléon commençait son immortelle campagne d'Iéna, elle alla rejoindre sa mère à Mayence. L'impératrice Joséphine devait, en effet, séjourner en cette ville pendant que l'empereur serait à la guerre. La jeune princesse de Bade, cette gentille et capricieuse Stéphanie, pour laquelle Napoléon avait si sottement manifesté un caprice, vint également rejoindre sa tante. Elle et Hortense étaient ravies de passer quelque temps loin de leurs maris pour qui elles n'avaient, ni l'une ni l'autre, un attachement excessif. Joséphine, qui comprenait à merveille leurs sentiments, ayant été elle-même ainsi en 1796, cherchait à les distraire. Mais les distractions de cette petite cour de Mayence avaient quelque chose de raide, de monotone, d'allemand, qui ne plaisait

1. Mme DE RÉMUSAT, *Mémoires*, t. III, p. 40.

guère aux deux capricieuses cousines, et Mme de Rémusat, si aveugle ou si indulgente quand elle parle d'Hortense, dit qu'elle « remplissait ses journées de je ne sais quelles distractions un peu trop enfantines pour sa position et son rang [1] ». Enfant gâtée et boudeuse, colère et violente parfois près de son mari, elle redevenait, loin de lui, petite pensionnaire en vacances. Au lieu de lire, de chercher à se former le jugement par l'étude de l'histoire, ce qui n'était que strictement indispensable dans le rang suprême auquel Napoléon l'avait élevée, elle jouait. A quoi? aux barres, au colin-maillard... On n'a pas dit cependant qu'elle jouât à la poupée. Et elle était reine! Et l'Europe, frémissante sous le joug de son beau-frère, retentissait du bruit des armes. Le canon grondait en Allemagne; d'un jour à l'autre l'armée française et l'armée prussienne, cette armée imbue des doctrines du grand Frédéric, allaient se mesurer dans une bataille décisive; l'empereur était loin d'être sans inquiétude : l'armée d'Austerlitz pouvait être vaincue par les vieilles bandes du duc de Brunswick, de Kalkreuth, de Hohenlohe, de Mollendorf... L'armée russe venait au secours de la Prusse... Et pendant ce temps à Mayence, Hortense jouait au colin-maillard! Elle n'avait pas conscience de l'importance des événements gigantesques au milieu desquels elle vivait. Petite fille, décidément, trop petite fille! « Hortense, a dit M. Henri Bouchot, et il faut le répéter, c'est sa mère en blonde [2] ». Jugement très exact dans sa concision. Il faut cependant ajouter qu'elle avait un certain sens artistique qui manquait à sa mère, mais plus *voulu* peut-être que réel, et, de cela, il faut lui en

1. Mme DE RÉMUSAT, *Mémoires*, t. III, p. 91.
2. Henri BOUCHOT, *La toilette à la cour de Napoléon.*

tenir compte, car le goût des arts était alors bien rare chez les femmes françaises. De plus, elle avait quelque esprit et de l'ambition, plus d'ambition même que d'esprit; de cela il faut lui en savoir moins de gré, car c'est cette ambition qui forma le dernier de ses fils et valut à la France le règne néfaste de Napoléon III.

Les *vacances* de la reine Hortense tiraient à leur fin. La pauvre femme pleura quand il lui fallut quitter sa mère et sa cousine, avec qui elle s'entendait si bien, pour revenir auprès de son mari. Une fois arrivée à La Haye, elle reprit la manière d'être qu'elle avait par le passé. Elle ne cachait nullement à son mari l'aversion qu'il lui inspirait, et le malheureux roi s'aigrissait de plus en plus devant une mauvaise volonté si peu dissimulée. Il y eut encore des scènes fâcheuses entre les deux époux. La vie commune devenant décidément impossible, il fut décidé que chacun vivrait de son côté. Louis s'établit dans une aile du palais et Hortense dans une autre. Vivant avec ses dames, elle faisait ou entendait de la musique, causait ou écoutait les propos de son entourage et passait en somme son temps dans une douce oisiveté dont s'accommodait fort sa nature à demi créole.

Pendant ce temps, son mari se livrait de plus en plus au travail, par devoir d'abord, comme dérivatif à ses chagrins ensuite. Car il n'avait pas que des chagrins domestiques. L'empereur, par son fameux décret de Berlin, venait d'organiser le blocus continental. Le roi Louis s'était vu forcé, quoi qu'il en eût, d'appliquer aux ports de la Hollande les prohibitions qui frappaient tous les ports du continent. Ce régime était la ruine de la Hollande. Louis le comprit et ne tarda pas à apporter, de sa propre autorité, des tempéraments à la rigueur exigée par l'empereur. Napoléon lui écrivit des lettres fort dures, et, à tout prendre, si Napoléon avait tort dans sa conception du blocus continental, il avait raison d'exiger du roi, qui n'était qu'une sorte de préfet chargé d'exécuter ses ordres, une obéissance absolue. On conçoit aussi que le roi, qui voyait les souffrances et les ruines qu'entraînait ce déplorable système, ait voulu apporter des adoucissements dans son application. Mais l'empereur, qui l'avait nommé, exigeait de lui, comme de tout autre fonctionnaire, la stricte application de ses décrets. En acceptant la couronne, Louis s'était engagé, tout au moins tacitement, à obéir. Devant les scrupules, fort louables d'ailleurs, de sa conscience, son devoir eût été de faire alors ce qu'il fit quelques années plus tard : abdiquer. Cela eût évité entre les deux frères une correspondance fâcheuse et leur eût épargné des chagrins d'autant plus vifs qu'ils avaient toujours l'un pour l'autre, en se les causant, une sincère affection.

Le pauvre Louis avait donc des chagrins de plus d'une sorte. Mais ses chagins domestiques primaient tous les autres. Il n'est pas jusqu'à son fils aîné, qui était assez grand maintenant pour figurer à la table royale, qui n'ait été une cause de disputes entre Louis et sa femme. Cependant, quand les parents ne peuvent s'entendre, il est un point sur lequel l'accord, ce semble, devrait être constant, c'est les enfants. Louis cherchait par mille soins à se faire chérir de son fils; il y mettait un amour attendri et passionné; c'était le trop-plein inemployé de son cœur, dont sa femme continuait à ne pas vouloir. De son côté, Hortense cherchait à accaparer entièrement les bonnes grâces de son fils, et c'était entre les parents — plus enfants

Le Palais Royal de La HAYE en 1814 d'après une gravure du temps

que leur enfant — une rivalité qui n'était pas parfois
sans provoquer, devant lui, des scènes aussi violentes que fâcheuses. Il semble que si Hortense y avait
mis toute la douceur désirable, si elle n'avait pas
cherché à l'emporter ouvertement et comme par une
sorte de défi, dans le cœur de son fils, il n'y eût pas
eu de scènes, choses à éviter avant tout, pour soi
d'abord, ne serait-ce que par bon goût, pour l'enfant
ensuite, afin qu'il ait le respect de ses parents. A force
de douceur, Hortense en serait venue à bout; Michelet n'a-t-il pas dit que « les plus doux sont les plus
forts? » Il est vrai que cette règle n'est pas sans excep-
tion : les femmes surtout sont moins sensibles que
les hommes à la bonté et à la douceur; elles les pren-
nent pour de la faiblesse.

Le jeune prince royal de Hollande était véritablement un enfant charmant. Il annonçait les plus heu-
reuses dispositions et montrait une intelligence au-
dessus de son âge. Il ressemblait d'une façon frappante à son oncle Napoléon et l'esprit de parti avait
profité de cette ressemblance pour appuyer l'odieuse
calomnie que l'on sait[1]. Rien n'est plus fréquent
pourtant que de voir un neveu ressembler à son oncle,
et toutes les familles pourraient en fournir des
exemples. On citait de cet enfant des réparties char-
mantes. Voici ce qu'en a dit un homme qu'on ne peut
soupçonner de partialité et qui ne fut jamais le cour-
tisan de personne : « Mme d'Arberg, au sujet de ses
filles, dit au petit Napoléon : « Monseigneur, je les
recommande à vos bontés. » A ces mots, cet enfant

1. « La méchanceté a fait de cette ressemblance une cause de
calomnie tellement indigne que je croirais me manquer à moi-
même en la réfutant ». (Duchesse D'ABRANTÈS, *Mémoires*, t. VI,
p. 342.)

âgé de quatre à cinq ans, je crois, la fixe, mais d'un regard que je n'avais vu qu'à l'empereur, et, après un moment d'étonnement et de silence : « Madame, dit-il, c'est à ces dames d'avoir de la bonté pour moi. » Hortense l'embrassa, tout le monde s'extasia, et je fus confondu de cette leçon de tact, de délicatesse, de convenance, donnée par un si jeune enfant à une dame de quarante ans. Et comme je ne pus cacher mon étonnement au chevalier d'honneur de l'impératrice : « Cet enfant, me dit-il, dépasse tout ce que vous pouvez en penser; pour ne vous citer qu'un fait, quelque chose qu'on puisse lui conter ou qu'on puisse conter devant lui, quelque temps qu'on y mette, il écoute, comme l'empereur, dans une immobilité totale, et, du moment où l'on finit de parler, par une faculté qui prouve autant de jugement que de mémoire et de sagacité, il résume en une pensée générale tout ce qu'il vient d'entendre [1] ».

Il serait aisé de citer d'autres traits de cet enfant. Il aimait beaucoup les fraises, mais, comme elles lui causaient des vomissements, non seulement on ne lui en donna plus, mais on n'en fit plus paraître devant lui et on défendit expressément de lui en donner. L'enfant, dans un moment de gourmandise, se rappelant combien les fraises étaient bonnes, en demande un jour à sa nourrice. Celle-ci lui dit qu'elles lui faisaient mal et qu'elle avait l'ordre de ne pas lui en donner. L'enfant insiste, se fâche : « Je veux des fraises! tout de suite ! »

— Mais si je vous en donne et que votre maman le sache?...

— Eh bien, je ne dirai pas que c'est toi qui me les a données.

1. Général baron Thiébault, *Mémoires*, t. IV, p. 42.

Trop faible, la nourrice alla chercher des fraises. L'enfant s'en régala. Peu de temps après, l'estomac du jeune prince se retourne et voilà les fraises sur le parquet. Justement, la reine entrait. Elle se met dans tous ses états : « Qui lui a donné des fraises? » s'écrie-t-elle avec colère. L'enfant ne pouvait répondre qu'il n'en avait pas mangé, les preuves étaient là, visibles. Mais le petit Napoléon ne consentit jamais à dire de qui il les avait reçues. « J'ai promis de ne pas le dire », répétait-il toujours; et rien ne put le faire parler. C'était là, il faut en convenir, la marque d'un caractère, rare chez un homme, bien plus rare chez un si jeune enfant.

L'empereur aimait beaucoup son neveu. Il s'amusait parfois à l'impatienter. Celui-ci avait, pour les lentilles, un goût presque égal à celui qu'il avait pour les fraises. L'empereur le mettait sur ses genoux, pendant le déjeuner, faisait apporter des lentilles et s'amusait à lui en donner, mais une à une, et cela avec le plus grand sérieux. L'enfant les prenait, mais, voyant que son oncle faisait exprès de l'impatienter, le rouge lui montait aux joues, sans qu'il s'en fâchât, du reste, ouvertement : il voulait être maître de lui, et l'était. Ces petites taquineries ne l'empêchaient pas d'avoir une prédilection marquée pour son oncle, et c'est peut-être pour cela que Napoléon l'aimait tant. Il préférait les joujoux que l'empereur lui donnait à ceux, même plus beaux, qu'il tenait des autres personnes; c'est à l'empereur qu'il voulait, le matin, quand il était à Paris, dire bonjour le premier. Enfin son oncle était son préféré. Un jour, après une revue qu'il venait de passer dans la cour du Carrousel, l'empereur, remonté dans ses appartements, jette sur un fauteuil son chapeau et son épée et se met à son bureau. Son neveu, entrant dans la pièce, prend l'épée de Napoléon, en passe le ceinturon à son cou, met le chapeau sur sa tête et marche gravement en cadençant le pas et fredonnant un air de tambour. L'empereur fut ravi de cette petite scène et le peintre Gérard l'a immortalisée dans un tableau célèbre[1].

Il y avait, dans le parc de Saint-Cloud, des gazelles et des biches auxquelles l'empereur s'amusait parfois à distribuer des pincées de tabac dont elles étaient fort friandes. Son neveu aimait beaucoup à l'accompagner dans ces promenades et l'empereur, de son côté, se plaisait à le mettre à cheval et à le promener sur une biche, ce qui lui avait valu de la part de l'enfant le nom d' « oncle Bibiche[2] ».

Non seulement le petit Napoléon était intelligent, mais il était aimable, ou plutôt il était aimable parce qu'il était intelligent. De plus, il avait une grande admiration pour son oncle. Quand il passait, dans le jardin des Tuileries, devant les grenadiers de la garde, il leur criait : « Vive Nonon, le soldat ![3] » Aussi Napoléon disait-il quelquefois avec ravissement et aussi un peu de naïveté vaniteuse : « Celui-là sera digne de me succéder ; il pourra me dépasser encore. »

Et c'est cet enfant qui, lorsqu'il voyait ses parents se livrer à leurs scènes déplorables, allait, le pauvre ange, chercher son père par la main et, avec une douleur qu'on eût dû épargner à son jeune cœur, le conduisait à Hortense et disait : « Embrasse-la, papa, je t'en prie ! » Comment ces deux êtres n'ont-ils pas

<hr>

1. Duchesse D'ABRANTÈS, *Mémoires*, t. VI, p. 346 ; CONSTANT, *Mémoires*, t. II, p. 270.
2. CONSTANT, *Mémoires*, t. II, p. 372.
3. RŒDERER, *Œuvres*, t. III, p. 515.

mieux entendu la voix de la raison, sortant de la bouche de leur enfant?

Le dimanche 3 mai 1807, le petit Napoléon, qui avait été légèrement indisposé, se plaignit d'une douleur à la gorge. Les médecins le jugèrent assez malade pour lui appliquer un vésicatoire. Le soir, il était mieux. Hortense demeura auprès de lui tout le jour et ne cessa guère de pleurer, bien que les médecins n'eussent pas dit que l'enfant était en danger. Elle ne parut qu'un instant dans son salon.

Le lendemain, l'indisposition de l'enfant prit un caractère plus sérieux et même assez alarmant pour que le roi fît partir un courrier à franc étrier pour ramener de Paris le docteur Corvisart. Pendant ce temps le malheureux enfant était livré aux médecins. On avait fait venir ceux de La Haye, ceux d'Amsterdam, ceux d'Utrecht... Les uns faisaient mettre des sangsues, les autres des vésicatoires. Oh! qu'elles sont cruelles, les heures où l'on attend la solution d'une crise chez un être qu'on voit mourir et pour la vie duquel on verserait jusqu'à la dernière goutte de son sang!... Le roi et la reine étaient là, les traits convulsés, attendant autour du petit lit quelque parole d'espoir... Enfin, dans la soirée, les médecins ne témoignèrent plus d'inquiétudes; seul, le docteur Giroust, médecin français, persista à dire que l'enfant n'en reviendrait pas [1].

La nuit fut mauvaise : à minuit, on le crut mort. Tout espoir semblant perdu, on lui appliqua un large vésicatoire sur la poitrine. A deux heures, une crise faillit l'étouffer. Quelle nuit!... Enfin, à huit heures du

1. Stanislas GIRARDIN, *Journal et Souvenirs*, t. I, p. 407.

matin, un peu de mieux se manifesta et l'on eut une lueur d'espérance.

Le mieux se soutint jusqu'à deux heures de l'après-midi. Mais alors de nouvelles crises se succédèrent et, à quatre heures, les médecins déclarèrent qu'il n'y avait plus d'espoir. On se décida alors à administrer au pauvre mourant des poudres anglaises, de composition inconnue, en grande réputation dans la Hollande pour guérir toutes les maladies des enfants. Mort pour mort, autant valait essayer ces poudres. Le remède fut donné. Il amena immédiatement une crise qui fut suivie de fièvre, et la vie sembla tout d'abord refouler la mort menaçante; l'enfant parla; à six heures, il demanda des cartes, des images. Mais rien ne devait y faire. La fièvre se calma, l'excitation disparut. Ce ne fut plus qu'une agonie. A minuit le pauvre enfant expirait sur les genoux de sa mère.

La malheureuse Hortense apprit, pour employer une expression de Chateaubriand, à connaître la mort sur les lèvres de celui à qui elle avait donné la vie. Sa douleur fut immense : c'était l'anéantissement de tout son être dans un effrayant désespoir. Déjà, la nuit précédente, il avait fallu l'arracher du chevet de son fils, tant la vue des vésicatoires qu'on appliquait sur ce pauvre petit corps lui faisait mal. Revenue, dès le matin, auprès du malade, elle resta des heures et des heures, inerte, les yeux fixes, plongés dans une entière insensibilité. On l'arracha de nouveau d'auprès du corps de son fils, on la *déchira d'avec lui!...* Rien de plus navrant que le spectacle d'une femme qui n'a pas la force de volonté nécessaire pour maîtriser l'excès de sa douleur!

Louis, qui ne souffrait pas moins qu'Hortense, avait

du caractère : il montra, en ces cruels moments, qu'il avait aussi du cœur. Il s'empressa auprès de sa femme anéantie ; il lui dit les paroles les plus tendres, qui laissèrent voir que tout, entre ces deux époux, n'était peut-être pas dit et que, si Hortense voulait bien maintenant répondre avec quelque affection aux soins de son mari, l'accord pourrait se faire dans ce triste ménage. La reine subissait avec un calme effrayant les consolations de son mari : pas une parole, pas un soupir, pas une larme ! La malheureuse ne pouvait même pas pleurer !... Enfin une détente se fit. Les mots alors se pressèrent avec volubilité sur ses lèvres : elle appela son fils avec des cris étouffés, elle se roula la tête dans les couvertures, et enfin, épuisée de ces spasmes de douleur, elle tomba à terre, disant que, lui mort, elle voulait mourir aussi. Le désespoir la prit : dans cet accès, elle ne reconnut plus personne... son délire fut complet.

Abattue à la suite de cette crise, elle retombait, pendant des heures, dans un silence plus effrayant encore que ses cris, et rien ne pouvait l'arracher à ce calme, avant-coureur de la mort. Le roi cependant continuait à lui témoigner la plus délicate tendresse. Vaincue par tant de bonté, Hortense finit par lui tendre une main amie et lui accorder un sourire triste et résigné. La douleur faisait ce que n'avaient pu faire la jeunesse et l'amour.

Des incidents burlesques viennent quelquefois se mêler aux événements les plus cruels. N'avait-on pas vu, sous la Terreur, M. de Custine faisant ses derniers adieux à sa femme, s'arracher de ses bras pour monter à l'échafaud, et cela au milieu de leurs éclats de rire convulsifs, parce que le ridicule accoutrement d'un détenu venait d'exciter leur hilarité ?

« Louis, fidèle à son caractère bizarre et jaloux, a dit
Mme de Rémusat, se trouvant près du lit de sa femme
et lui promettant qu'à l'avenir il s'appliquerait à consoler sa vie, lui demanda toutefois l'aveu des torts
qu'il lui supposait : « Confiez-moi vos faiblesses, lui
dit-il ; je vous les pardonne toutes ; nous allons recommencer un nouvel avenir qui effacera pour jamais
le passé. » La reine lui répondit avec toute la solen-
nité de la douleur et de l'espoir qu'elle avait de mourir, que, prête à rendre son âme à Dieu, elle n'aurait
pas à lui porter l'ombre même d'une pensée coupable. Le roi, toujours incrédule, lui demanda d'en
proférer le serment, et, après l'avoir obtenu, ne pouvant se déterminer à y prêter confiance, recommençait ses singulières instances, et avec une telle impor-
tunité, que sa femme, quelquefois épuisée de sa
déchirante douleur, des paroles qu'il lui fallait
répondre et de cette persécution, se sentant évanouir,
lui disait : « Donnez-moi du repos, je ne vous échap-
perai point ; demain nous reprendrons l'entretien. »
En parlant ainsi, elle perdait connaissance de nouveau[1] ». C'est Hortense elle-même qui fit ce récit à
Mme de Rémusat.

Louis était donc persuadé de l'infidélité de sa
femme, puisqu'il la pressait de la lui avouer. Il est
possible que, jusqu'alors, elle n'ait eu à se reprocher
que les coquetteries plus ou moins innocentes qui la
faisaient trouver si aimable par les hommes. Elle
en recevait en ce moment un cruel châtiment. Des
querelles à propos de fidélité conjugale, et cela sur
le cadavre d'un fils !... Oh ! En ce jour de mort, la
pauvre femme expia bien des choses.

1. Mme de Rémusat, *Mémoires*, t. III.

Corvisart arriva à La Haye le vendredi 8 mai, trois jours après que l'enfant n'était plus. Il s'occupa de donner des soins à Hortense, dont l'état menaçait de devenir inquiétant. Sa douleur était aussi vive que lors de la mort de son fils. « La reine ne dit pas un mot, écrivait un témoin, le 11 mai; elle est accablée de la douleur la plus profonde. Son état m'a fait une peine que je ne puis exprimer[1] ». On essayait cependant de la consoler. Etendue sur une chaise longue, elle pleurait toujours et ne pouvait se rassasier de sa propre douleur, tandis que M. de Mirbel lui lisait *Gil Blas*. Le roi, lui aussi, essuyait de temps en temps une larme. Heureux ceux qui ne connaissent point cette poignante douleur!

Le même témoin a raconté ainsi la journée du lendemain : « Nous vîmes la reine en sortant de chez le roi. Elle était assise sur une chaise longue, dans le même état d'immobilité. Ses dames étaient assises autour d'elle. Mlle d'Aulnay faisait la lecture; elle la suspendit en nous voyant entrer. Elle garda le silence pendant plus d'un quart d'heure. Elle nous fit signe ensuite d'approcher d'elle. La reine nous dit d'une voix basse et suffoquée : « — J'étouffe, j'ai un poids là; je suis devenue insensible. Je ne sens plus rien. Je puis parler de Napoléon, de mon fils, sans verser une larme. Je l'ai vu mort, ne respirant plus, je n'ai pas eu le courage de l'embrasser. Pourquoi le ciel me punit-il aussi cruellement, moi qui n'ai jamais fait le moindre mal à personne? »

Ce sont là des choses qu'on dit dans l'excès de la douleur; mais, s'il est vrai qu'on est puni, dès ce

---

1. Stanislas GIRARDIN, *Journal et Souvenirs*, t. I, p. 437.
2. *Ibid.*, p. 442.

monde, du mal que l'on y a fait, — et cela est
quelquefois très vrai, — Hortense oubliait, en disant
qu'elle n'avait fait de mal à personne, qu'elle n'avait
guère fait que cela depuis son mariage : n'est-ce
donc rien que de faire souffrir son mari? Mais Hortense avait si bien l'habitude de ne penser qu'à elle,
qu'elle oubliait son mari, même en ces heures solen-
nelles d'un deuil tout récent.

La nouvelle de la maladie du prince fut connue
dans Paris presque en même temps que celle de sa
mort. Les conséquences pour la famille impériale,
pour l'avenir de la France, pour l'Europe entière, en
parurent incalculables. Aux yeux de l'observateur
attentif, la mort de ce petit enfant, à La Haye, est la
première cause de la chute du colosse. On regardait
généralement le jeune prince comme le successeur du
César qui semblait avoir asservi à ses lois les destins
et la victoire. On se plaisait à dire qu'il était un Napoléon et que les autres enfants d'Hortense n'étaient que
des Bonaparte. Quant à la Hollande, la mort du prince
n'y produisit pas une vive sensation; « les habitants
de La Haye, a dit Girardin, ont eu l'air d'ignorer sa
maladie et sa mort; le peuple a été conquis, mais il
ne s'est pas donné; il supporte ce qu'il ne peut empêcher [1] ».

Dès que la grande-duchesse de Berg connut la
triste nouvelle, elle partit aussitôt pour La Haye afin
de porter des consolations à son frère, peut-être
aussi à sa belle-sœur, bien qu'elle la détestât de tout
son cœur. L'impératrice Joséphine se mit en route
elle aussi pour essayer de consoler son inconsolable
fille.

1. Stanislas GIRARDIN, *Journal et Souvenirs*, t. III, p. 414.

Le roi et la reine s'étaient retirés au château de
Loo, appartenant à une dame du palais. Louis alla
au devant de sa belle-mère avec sa femme et son fils
survivant. On se rencontra à Forbourg, et la famille
se trouva réunie au château de Lacken, près de
Bruxelles. Joséphine se préoccupant de la santé
d'Hortense qu'elle voyait très atteinte, pensa qu'un
séjour à la Malmaison ne pourrait lui faire que du
bien. Louis consentit à la laisser aller, et, tandis qu'il
retournait à La Haye et reprenait son service de roi,
les trois belles-sœurs se mettaient en route pour
Paris. M. de Rémusat, chambellan de l'empereur,
avait accompagné l'impératrice à Bruxelles. Il a
raconté que le roi Louis avait été parfait pour sa
femme, qu'il avait eu beaucoup de soins pour elle, et
il ajoute qu' « il avait cru s'apercevoir que Mme Murat
les voyait avec déplaisance[1] ».

Consultons encore les témoins oculaires de cette
cruelle période de la vie d'Hortense, période par
laquelle tant d'autres parents ont passé, qui ont
éprouvé les mêmes douleurs, sans avoir les mêmes
consolations. M. de Rémusat confirme ce qu'a dit
Girardin sur la douleur d'Hortense que rien ne
pouvait calmer. Il écrivait de Bruxelles à sa femme,
le 16 mai : « Le roi et la reine sont arrivés hier au
soir. L'entrevue avec l'impératrice n'a été douloureuse que pour elle, et comment ne l'aurait-elle pas
été? Figurez-vous, mon amie, que la reine, dont la
santé est d'ailleurs assez bonne, est absolument dans
l'état où l'on nous représente Nina sur le théâtre.
Elle n'a qu'une idée, celle de la perte qu'elle a faite;
elle ne parle que d'une chose, c'est de *lui*. Pas une

1. Mme DE RÉMUSAT, *Mémoires*, t. III, p. 140.

larme, mais un calme froid, des yeux presque fixes, un silence presque absolu sur tout, et ne parlant que pour déchirer ceux qui l'entendent. Voit-elle quelqu'un qu'elle a vu autrefois avec son fils, elle le regarde avec un air de bonté et d'intérêt, et, d'une voix très basse : « — Vous le savez, dit-elle, il est mort. » En arrivant auprès de sa mère, elle lui dit : « — Il n'y a pas longtemps qu'il était ici avec moi; je le tenais là, sur mes genoux. » M'apercevant quelques moments après, elle me fait signe de m'avancer : « — Vous vous rappelez Mayence? Il jouait la comédie avec nous. » Elle entend dix heures sonner, elle se retourne vers une de ses dames : « — Tu sais bien, dit-elle [1], c'est à dix heures qu'il est mort. » Voilà comme elle rompt le silence, presque continuel, qu'elle garde. Avec cela, elle est bonne, sensée, pleine de raison; elle connaît parfaitement son état, elle en parle même. Elle est heureuse, dit-elle, « d'être tombée dans l'insensibilité »; elle aurait « trop souffert autrement. » On lui demanda si elle a été émue en revoyant sa mère. « — Non, dit-elle, mais je suis bien aise de l'avoir vue. » On lui dit combien elle est affectée de son peu d'émotion en la revoyant : « — Oh! mon Dieu, dit-elle, qu'elle ne s'en fâche pas : je suis comme cela. » Sur tout ce qu'on lui demande, autre que l'objet de sa peine : « — Ça m'est égal, dit-elle, comme vous voudrez. » Elle croit qu'elle a besoin d'être seule à sa douleur, elle ne veut cependant pas voir les lieux qui lui rappellent son fils [2]. »

Cette lettre, que nous avons tenu à reproduire

---

1. Elle tutoyait ses dames qui étaient ses anciennes compagnes de Saint-Germain, chez Mme Campan.

2. Mme DE RÉMUSAT, *Mémoires*, t. III.

dans son entier, retrace évidemment, et d'une façon
touchante, les paroles que la reine laissait tomber de
ses lèvres dans les premiers temps de son deuil. Mais
n'y avait-il pas de l'affectation dans cette exposition
théâtrale, dans cette ostentation de sa douleur? Hortense avait l'esprit assez juste, mais elle n'a jamais eu
le caractère franc; sa conduite n'a jamais été d'accord
avec les principes qu'elle affichait; Hortense, il faut
le répéter, n'était pas *vraie*. En tout, chez elle, il y
avait *pose*, malgré une simplicité plus voulue que
réelle : pourquoi n'y aurait-il pas eu pose dans sa
douleur comme dans le reste? Bien d'autres femmes,
des femmes du plus grand cœur, perdent leur fils, et
leur fils unique : affichent-elles ainsi une douleur inconsolable? Les plaies du cœur finissent par se cica-
triser comme les autres, plus ou moins vite, selon le
tempérament, l'entourage, les occupations de chacun;
mais une véritable et profonde affliction, une fois les
premiers éclats apaisés, se concentre dans un repli
caché de l'âme : il y a même une secrète et amère
jouissance à la garder toute pour soi et en soi, et
l'on parvient ainsi, hélas! à jouir même de sa souffrance, à vivre de la mort! Les grandes âmes ont une
pudeur de la douleur : elles ne l'émiettent pas à tout
venant. Chez Hortense, il y a de l'apparat, il y a de la
mise en scène, et cela dure trop longtemps : elle est,
on jurerait, une épicurienne de la douleur. Non pas
que son chagrin ne soit réel, mais il semble qu'elle
veut se distinguer des autres femmes par une
douleur plus sentie, qu'elle seule est capable d'avoir,
de même qu'elle vise à les primer toutes par ses
goûts artistiques.

Une fois arrivée à la Malmaison, on pouvait croire
que le changement de milieu consolerait vite ce

pauvre cœur en deuil. Mais non. « Elle se montrait insensible à tout, a dit Mme de Rémusat qu'il faut maintenant entendre après avoir entendu son mari, ne versant pas une larme, ne dormant point, ne prononçant aucune parole, serrant la main dès qu'on lui parlait, et, chaque jour, à l'heure où son fils était mort, tombant dans une crise violente. Je n'ai jamais vu une douleur qui fît plus de mal à regarder. Elle était pâle, sans mouvement, le regard fixe ; on pleurait en l'approchant, alors elle vous adressait ce peu de mots : « — Pourquoi pleurez-vous ? Il est mort, je le sais bien ; mais je vous assure que je ne souffre pas, je ne sens rien du tout [1]. »

Le corps du jeune prince avait été déposé provisoirement dans la salle du trône. On ne l'exposa point sur un lit de parade et l'on trouva à cela matière à discussion, parce qu'un décès de cette importance devait être, disait-on, constaté aux y   du public : ne constate-t-on pas publiquement la naissance d'un prince du sang ?

L'empereur avait été très affecté, quoi qu'en ait dit M. de Talleyrand, de la mort de son neveu. Il décida que son corps, que ses parents avaient fait transporter en terre française, à Saint-Leu, dans la pieuse pensée de le garder toujours chez eux, serait transféré en grande cérémonie à Notre-Dame. L'archichancelier Cambacérès le reçut à la porte de l'église et en fit officiellement la remise à M. le cardinal de Belloy, archevêque de Paris. Mais le prince ne devait être là que provisoirement. On réparait la basilique de Saint-Denis, on y reconstruisait les caveaux qui avaient contenu les corps des rois de France et qui

1. Mme DE RÉMUSAT, *Mémoires*, t. III, p. 141.

avaient été violés et détruits sous la Révolution. Ce projet ne fut pas réalisé. La Restauration arriva et fit à peu près pour le fils d'Hortense ce qu'avaient fait les hommes de 93 pour les rois de France. Elle jeta ce mort à la porte de Notre-Dame.

Après s'être reposée une quinzaine de jours à la Malmaison et avoir suivi plusieurs fois à Paris sa mère qui cherchait à la distraire, la reine Hortense, « dont la tête était encore presque égarée », partit pour les eaux de Cauterets. Elle semblait, pour employer une expression de Mme de Sévigné, être « de celles qui traînent leur misérable vie jusqu'à la dernière goutte d'huile [1]. » Son fils, son seul fils maintenant, resta auprès de l'impératrice. Le voyage, cependant, allait bientôt modifier un peu le cours de ses pensées. Un orage qui éclata dans les premiers jours qu'elle se mit en route, provoqua chez elle une crise de larmes: elle écoutait les éclats du tonnerre : il avait tonné pendant que son fils rendait ses derniers râles! Ce souvenir poignant tendit sa faculté de souffrir au point de lui donner une attaque de nerfs. Le tout se termina par un torrent de larmes qui la laissa apaisée. Elle avait été longtemps à trouver cet apaisement, cette détente nerveuse, et, quoiqu'elle

1. Elle écrivit d'Orléans une lettre à l'empereur. Elle y parlait évidemment de son inconsolable douleur, à en juger par la réponse de Napoléon, que voici : « Friedland, 16 juin 1807. Ma fille, j'ai reçu votre lettre datée d'Orléans. Vos peines me touchent, mais je voudrais vous savoir plus de courage. Vivre, c'est souffrir, et l'honnête homme combat toujours pour rester maître de lui. Je n'aime pas à vous voir injuste pour le petit Napoléon-Louis et envers tous vos amis. Votre mère et moi avions l'espoir d'être plus que nous ne sommes dans votre cœur. J'ai remporté une grande victoire le 14 juin. Je me porte bien et je vous aime beaucoup. » — On voit que Napoléon trouva qu'il est temps qu'Hortense modère l'expression de sa douleur.

parlât encore trop souvent de son pauvre mort, elle
finit bientôt par ne plus conserver de lui qu'un doux
et attendri souvenir. N'a-t-on pas dit que la faiblesse
humaine est telle que nous ne sommes même pas
capables d'être longtemps malheureux?

Hortense s'installa à Cauterets. Elle était accompagnée d'une petite fraction de sa cour. Là, sa prin-
pale occupation fut de briser par la fatigue le souvenir qui la brisait elle-même. Chaque jour elle faisait
des excursions. Elle marchait jusqu'à ce qu'elle fût à
bout de forces. La beauté de cette nature sauvage
l'exaltait et ouvrait à son « état d'âme » des perspec-
tives nouvelles sur la vanité des choses de ce monde
à côté des scènes sublimes de la nature. Quand ses
jarrets refusaient de gravir encore et encore les
pentes abruptes — on se fatigue vite en terrain de
montagne, lorsqu'on n'en a pas une longue habitude
— elle montait en chaise. Ses deux guides-porteurs,
Clément et Martin, les plus renommés alors dans les
Pyrénées, la suivaient toujours et elle se confiait à
leur habileté. Elle fut si satisfaite de leurs services
qu'en partant elle leur donna un souvenir : c'était
une médaille, qu'ils portèrent à leur boutonnière,
et sur laquelle était gravé : « Voyage au Vignemale, 1808. » A cette médaille était attachée une
pension.

Hortense visita Bergons, le Monné, Viscos et enfin
le Vignemale; elle fut même la première femme qui
fit l'ascension de cette montagne. Elle avait parcouru
d'abord tous les environs de Cauterets jusqu'à une
certaine hauteur; elle avait poussé jusqu'au lac de
Gaube, dont les eaux glacées et unies comme un miroir
réfléchissent les neiges éternelles et les glaciers du

La GRANDE DUCHESSE DE BADE
d'après un tableau de GÉRARD

Vignemale. Après un repos, elle avait contourné le lac et était allée s'asseoir à la cascade d'Esplemousse. De ces excursions, elle rentrait toujours avec une âme plus tranquille. De temps en temps, elle parlait à ses porteurs de son mort chéri. Les sanglots alors entre-coupaient sa voix et elle donnait quelques louis à ces hommes étonnés qu'une jeune femme si élégante dans sa mise, si élégante aussi dans ses larmes, fût malheureuse avec ses poches pleines d'or. Elle s'ar-rêtait dans les plus humbles habitations qu'elle ren-contrait, s'asseyait, demandait une tasse de lait de chèvre, un morceau de pain noir et payait toujours de quelque pièce d'or le repos qu'elle y avait pris. Au bout de peu de temps, elle était devenue très populaire dans ces montagnes.

Son âme, encore haletante de douleur, commençait à entrer dans un doux apaisement quand elle fit la rencontre d'une autre âme qu'un deuil cruel avait chassée du côté des Pyrénées pour y chercher conso-lation et oubli. C'était M. Decazes : il avait perdu sa jeune femme qu'il adorait. Il rencontra la reine Hor-tense. Rien n'excite plus la sympathie qu'une pro-fonde douleur sur un beau visage. La reine fut frappée de la noblesse des traits de ce jeune homme autant peut-être qu'elle fut touchée de son air de chagrin. Une communauté de douleur rapproche les cœurs; le calme et l'isolement de la campagne aident à ce rapprochement. Aussi Hortense vit-elle souvent M. Decazes. On sortait chaque jour ensemble, on dé-jeunait ensemble, on dînait ensemble, on pleurait même ensemble.

Ces relations furent bientôt connues à Paris, et, comme on connaissait la légèreté d'Hortense, on en conclut qu'elle était très consolée à présent de la mort de son fils, et que M. Decazes la consolait de l'absence de son mari.

La reine ne se doutait point que Paris s'occupât d'elle en ce moment. Le roi Louis, qui ne s'en doutait pas davantage, s'arracha à ses travaux pour aller retrouver sa femme « dans le midi de la France », a dit Mme de Rémusat. Il n'alla pas, en effet, jusqu'à Cauterets. Une lettre de Louis, que nous citons plus loin en entier (pages 330-335), confirme ce que dit Mme de Rémusat et nous apprend qu'il s'arrêta à Toulouse. Hortense l'y rejoignit le 12 août [1].

Cette lettre est extrêmement importante. Outre plusieurs mots à double entente qu'on y relève et qui semblent faire allusion à l'inconduite d'Hortense, la date du 12 août prouve, avec toute la brutalité des chiffres, l'illégitimité de sa troisième grossesse. En effet, une grossesse normale durant deux cent soixante-dix jours, et la naissance de l'enfant étant du 20 avril 1808, il s'ensuit que la conception serait du 24 juillet 1807. Or, la reine n'ayant rejoint son mari que le 12 août, il s'ensuit non moins mathématiquement qu'elle était enceinte depuis dix-neuf jours lorsqu'elle arriva à Toulouse auprès de lui; — à moins toutefois que, par extraordinaire, ses couches n'aient été prématurées.

Nous ne rechercherons pas à qui, de M. Decazes ou de l'amiral Verhuell, doit incomber la paternité de celui qui fut Napoléon III. La reine Hortense n'était pas elle-même, paraît-il, fixée sur ce point, et le car-

---

1. ... « La deuxième fois où nous vécûmes conjugalement fut, après deux ans, à Compiègne, où nous restâmes environ deux mois et, enfin, à Toulouse, en 1807, depuis le 12 du mois d'août que vous vintes me trouver de Cauterets (sic) jusqu'à notre arrivée à Saint-Cloud, vers la fin dudit mois... » *(Lettre du roi Louis à Hortense*, Rome, 14 septembre 1816.)

dinal Fesch, qui avait parfois le mot rabelaisien, pas tant cependant que le cardinal Maury, disait plaisamment : « Quand il s'agit des pères de ses enfants, Hortense s'embrouille toujours dans ses calculs [1] ».

Son entrevue avec la reine avait été affectueuse et tendre de part et d'autre. Cette fois encore, le bon accord semblait vouloir s'établir dans ce triste ménage. Il eût été probablement durable si la grande-duchesse de Berg, qui ne pouvait supporter sans impatience que les Bonaparte ne fussent pas en guerre ouverte avec les Beauharnais, ne s'était donné l'atroce plaisir de jeter de nouveau la désunion entre ces deux époux.

Elle raconta à son frère, en se défendant perfidement de les croire, les bruits qui avaient été colportés à Paris sur la nature des relations que la reine et M. Decazes avaient eues à Cauterets. Elle ne craignit pas, comme si le bonheur de son frère avait consisté à se savoir malheureux, de lui dire qu'on chuchotait à Paris que M. Decazes pouvait très bien être l'auteur de cette grossesse. Alors, adieu tout bon accord ! Dès que le soupçon pénètre dans le cœur d'un époux, il ne peut plus y avoir d'entente dans le ménage. Louis était, de sa nature, ombrageux et défiant : la reine ne lui avait aussi que trop donné sujet de l'être. Tout accord disparut dès lors de ce triste intérieur. Si le couple royal ne s'était pas arrêté à Paris, l'accord pourtant avait chance d'être durable.

L'impératrice cependant s'alarmait de voir la maigreur et le visage tiré de sa fille. Ce n'était là qu'une conséquence de son commencement de grossesse,

---

1. *Le Dernier des Napoléon.*

mais comme elle avait la figure très longue la fatigue
s'y voyait tout de suite. Prompte à s'exagérer la
moindre indisposition, poussée peut-être par Hortense, Joséphine demanda à l'empereur d'obtenir
qu'il laissât sa femme à Paris ; elle y ferait ses couches et retournerait ensuite en Hollande. Louis ne le
voulait pas, mais sa belle-mère avait mis les médecins de son côté : l'empereur ordonna et Louis obéit.
La reine, du reste, ne s'était pas montrée plus em-
pressée que cela de suivre son mari. La réconciliation avait été sincère de la part de Louis; il est
permis de croire qu'Hortense y apporta des restric-
tions mentales, *ses idées de derrière la tête,* comme les
appelle Pascal, et que son séjour à Paris était un
point qu'elle voulait conquérir. Le prétexte de sa
santé sauva les apparences. Elle ne rêvait que de
vivre à Paris. Son projet, indépendamment sans doute
du désir de ne pas s'éloigner de l'amiral Verhuell,
ambassadeur de Hollande à Paris, était d'y réunir
autour d'elle les artistes comme certaines femmes,
Mme Récamier, Mme de Genlis, Mme de Staël, réunis-
saient autour d'elles les hommes de lettres. L'idée
assurément était bonne, si elle était mise à exécution
avec discernement. Mais il n'en fut pas ainsi quand,
débarrassée de la présence de son mari, Hortense
travailla activement à jeter les premières assises de
ce salon artistique qui, dans sa pensée, devait faire
d'elle, à petit bruit, la protectrice éclairée de tous les
arts.

Tandis que cette jeune femme formait ses projets
de bonheur sans mari, Louis, plus triste et plus aigri
que jamais, avait dû se mettre en route, seul, sans sa
femme, sans son fils, pour la Hollande. Mais, avant
de partir, il avait laissé voir à Hortense les nouveaux

soupçons que la grande-duchesse de Berg avait jetés dans son cœur, et, au lieu de doux et tendres adieux, on se fit des scènes fâcheuses. De sorte que, dès le départ de son mari, Hortense ne dissimula aucunement ses sentiments de haine et de mépris pour lui, « mépris que peut-être elle laissa trop voir [1] », et se promit bien de ne plus retourner auprès de lui. « De cette époque, a-t-elle dit souvent à une amie, j'ai compris que mes malheurs seraient sans remède; je regardai ma vie comme entièrement détruite; j'eus en horreur les grandeurs, le trône; je maudis souvent ce que tant de gens appelaient *ma fortune*; je me sentis étrangère à toutes les jouissances de la vie, privée de toutes ses illusions, à peu près morte à tout ce qui se passait autour de moi [2]. »

Hortense, comme toujours, exagérait. Elle aimait à se poser en victime; cela lui donnait un air intéressant d'avoir tant de malheurs immérités et elle aimait assez à attirer l'intérêt du public; c'était encore une manière de le faire s'occuper d'elle et d'avoir ses sympathies.

C'est à peu près vers ce temps, à la fin du mois de septembre de 1807, que la cour fit le mémorable voyage de Fontainebleau. La reine de Hollande y apporta toutes ses mélancolies. Son état de santé ne ne lui permettait guère de prendre part aux fêtes qui se succédaient tous les jours : sa grossesse était laborieuse et la reine ne quittait que peu sa chaise-longue; on a même dit qu'elle crachait le sang et qu'on craignait pour sa poitrine. Elle se *drapait*, en effet, en poitrinaire pour se rendre tout à fait intéressante. Sa mère venait la voir fréquemment : ce n'était pas,

1. Mᵐᵉ DE RÉMUSAT, *Mémoires*, t. III, p. 147.
2. *Ibid.*, p. 210.

comme on peut le croire, par un sentiment d'affection cordiale : Joséphine trouvait dans sa fille une certaine supériorité d'intelligence et de savoir qui la gênait; elle craignait de ne pas la voir approuver toutes ses mesquineries de conduite. Elle lui racontait cependant les petites misères de sa vie de souveraine, ses inquiétudes jalouses, les fredaines de l'empereur, ses querelles de ménage, les craintes que tout cela lui donnait, car elle voyait toujours poindre à l'horizon l'éternel spectre du divorce. Hortense n'était pas dans un état d'âme à avoir pitié de tout cela : quand on a de l'humeur pour son propre compte, on se soucie peu des ennuis des autres. Ceux de sa mère, peu graves à la vérité, laissaient Hortense à peu près indifférente; elle prenait son triste sourire de résignée et répondait : « Sont-ce là des malheurs? » Joséphine, étonnée de la facilité avec laquelle sa fille supportait tout cela, n'était pas éloignée de la croire une femme tout à fait supérieure ; elle voyait dans cette indifférence une sorte de leçon de philosophie pratique ; et, comme elle savait que l'empereur chargeait quelquefois Hortense de lui donner des avis, elle prenait cette tranquillité pour une invite à demeurer tranquille, et se calmait.

Si elle n'assistait que peu aux concerts et aux bals que l'empereur et les membres de la famille impériale donnaient à Fontainebleau, elle suivait assez volontiers en voiture les chasses dans la forêt. On sait que l'empereur avait prescrit un costume de chasse, *une tenue*, même aux femmes : la forme était la même pour toutes, la couleur seule changeait : la reine avait choisi la couleur bleu et argent.

Entre deux fêtes, elle avait confié ses nouveaux soucis à l'empereur et lui avait fait part de son intention de demander le divorce. Napoléon lui dit qu'il ne lui permettrait jamais cela. Il chercha, au contraire, à réparer le mal qui avait été fait; il consola Hortense, lui parla de son avenir, de celui de son fils; il lui dit même qu'après ses couches il lui faudrait retourner auprès de son mari à La Haye...

Hortense se rebiffa à cette pensée : « Retourner dans le pays où est mort mon fils!.. Oh! non, jamais!.. J'y trouverais trop de douloureux souvenirs... D'ailleurs, ma réputation est flétrie, ajoutait-elle tristement, ma santé perdue; je n'attends plus de bonheur dans la vie; bannissez-moi de votre cour si vous voulez, enfermez-moi dans un couvent, je ne souhaite ni trône ni fortune. Donnez du repos à ma mère, de l'éclat à Eugène, mais laissez-moi vivre tranquille et solitaire. »

L'empereur ne pouvait se défendre d'une certaine émotion en entendant ce langage chez une jeune femme pour laquelle il avait de l'affection et qu'il estimait, en tout, supérieure aux autres femmes de sa famille. Il l'engageait alors à la patience, lui disait que le temps se charge d'arranger bien des choses, qu'il s'en occuperait lui aussi, mais il lui répétait qu'il ne fallait pas songer au divorce. Et il la laissait dans une douce tristesse dont elle faisait maintenant sa manière d'être habituelle à la cour.

Madame Mère ne voyait pas sans un profond chagrin le nouveau désaccord survenu dans le ménage de son fils Louis. Elle ne pouvait pardonner à sa belle-fille de ne pas mieux s'entendre avec son mari, et, dans sa perspicacité maternelle, elle voyait mieux que Napoléon les torts d'Hortense. Pour essayer de remettre l'accord entre les deux époux, si l'on en croit les uns, pour jouer un mauvais tour à sa belle-

fille, si l'on en croit les autres, elle imagina, pendant
le séjour de la cour à Fontainebleau, de faire publier
dans le *Journal des Débats*[1], feuille semi-officielle, le
petit entrefilet suivant : « On assure que la reine de
Hollande retournera bientôt dans ses États ». Grand
émoi aussitôt à la cour. Hortense, elle, était furieuse
autant qu'indignée qu'on pût lui prêter une pareille
pensée. Elle se plaignit à l'empereur. On appela
Fouché, ministre de la police, qui apprit à Napoléon
que l'entrefilet des *Débats* provenait de Madame Mère
et que, devant une telle source, le directeur du journal n'avait fait aucune difficulté pour l'insérer. L'empereur permit à Hortense, mais après s'être fait prier
quelque temps, de démentir cette nouvelle. Aussi fit-
elle publier par le même journal un bulletin de sa
santé, rédigé et signé par ses médecins, qui décla-
raient que tout voyage, dans l'état de grossesse où
elle se trouvait, lui était interdit.

Au retour du voyage de Fontainebleau, la reine
Hortense s'établit dans son hôtel de la rue Cerutti
(aujourd'hui rue Laffitte) et y tint une cour plutôt
restreinte que nombreuse. La gaieté lui revint. Elle
était loin de son mari, et chez elle! Elle donna des
soirées où elle invitait tout ce qu'il y avait de plus
distingué — du moins elle le croyait, car elle se
trompa bien souvent — dans les arts et dans les
lettres; l'armée y était toujours, comme de juste,
représentée. Peu de femmes : Mme de Rémusat,
Mme d'Abrantès pour leur esprit, Mme Regnault de
Saint-Jean d'Angély pour son talent sur le piano et
sa beauté, quelques autres encore et ses anciennes
compagnes de Saint-Germain. On faisait générale-

1. Numéro du 17 octobre 1807.

ment de la musique : Hortense se mettait au piano
et chantait ses romances. C'est à cette époque qu'elle
donna ses romances les plus connues : *Partant pour
la Syrie, Reposez-vous, bon chevalier, Le Beau Dunois,
Le Bon Chevalier, Les Deux Colins, En soupirant j'ai vu
naître l'aurore*, et une foule d'autres. On applaudissait
et la reine était fière et heureuse des suffrages que lui
valaient ses talents. Elle avait bien été aidée un peu[1],
mais elle l'oubliait de si bonne foi! et pour une princesse on a tant d'indulgence! On a dit aussi que c'est
elle qui imagina de faire placer un dessin en tête de
chaque romance, et cet usage s'est conservé.

Hortense se fit ainsi une notoriété toute personnelle d'artiste, et cela lui causait la plus douce joie
de vanité. Elle se défendait pourtant d'aimer autre
chose que l'obscurité et la retraite. Quand on ne fai-

1. Voici une lettre du fils de d'Alvimare sur ce point : elle
est du 10 juillet 1863 : « Autrefois et maintenant encore, dans ce
pays-ci (Dreux), tout le monde disait que mon père est l'auteur
de *Partant pour la Syrie*. J'ai entendu maintes fois mon père
dire aux personnes qui lui en faisaient l'honneur, que la romance était bien positivement de la reine; peut-être avait-il
donné des conseils quant à l'accompagnement, mais enfin non
seulement la pensée musicale, mais le tour donné à cette pensée
et la romance tout entière était d'elle. Les romances de cette
princesse ont bien un certain air de famille avec celles de mon
père, mais comment s'en étonner quand on se rappelle que les
compositions de mon père étaient fort goûtées alors, chantées
souvent devant la reine Hortense et par elle-même et qu'après
tout il était son maître de harpe sinon son professeur de composition... » (*Dictionnaire de Jal*). Le public, toutefois, n'a jamais cru que la reine composât ; on a vu plus haut (page 85)
ce qu'il en disait. Si l'on possédait les comptes de la cassette
particulière de la reine comme on possède les livres de comptes
du grand couturier Leroy, il est probable qu'on y trouverait
à quel prix se montaient les improvisations et compositions
d'Hortense. Il en était comme de la *Vie de César* que son fils
signa plus tard et à laquelle il y eut plus d'une collaboration;
comme de la *Valérie*, de Mⁿᵉ de Krudner, où Bernardin de
Saint-Pierre a si bien laissé son cachet, etc.

sait pas de musique, chez elle, on en parlait ; on parlait aussi peinture, mais jamais politique. On quittait le piano pour se réunir autour d'une grande table ronde sur laquelle étaient des crayons et du papier. Gérard s'amusait à esquisser un portrait, Isabey en *silhouettait* un autre, Garnerey couvrait de dessins humoristiques l'album de la reine et reproduisait le salon et ses habitués avec une telle précision dans ce détail que rien n'y était oublié. Enfin Hortense elle-même prenait un crayon et recevait des compliments, d'autant plus flatteurs qu'ils venaient d'artistes comme Gérard, Isabey, etc., pour les esquisses de fleurs ou de paysages qu'elle jetait rapidement sur ses albums. Elle aimait ces petites soirées où se retrouvaient toujours les mêmes visages ; on y avait toute liberté sans la moindre apparence d'étiquette. De temps en temps cependant, elle donnait de plus grandes soirées avec tout l'apparat qu'exigeait l'empereur des membres de sa famille, mais elle ne cachait pas qu'elle préférait de beaucoup ses petites réunions intimes. Ses causeurs préférés, M. de Ségur, frère du grand-maître des cérémonies de la maison de l'empereur, et M. Molé, grand-juge, y venaient toujours. Ce dernier, malgré sa haute intelligence, avait le travers d'endosser sa simarre rouge, ce qui jetait la note gaie dans ces petites soirées de musique.

Entre temps, la reine s'occupait aussi de l'ameublement de son hôtel. Elle était en ce moment enthousiaste du style gothique : tous les sièges de ses appartements furent alors changés contre des sièges en vieux chêne ou vieux noyer à haut dossier droit, sculptés et fouillés comme des cathédrales. Des tableaux, représentant des scènes du moyen age, avec

chevaliers et troubadours, dames et châteaux-forts,
furent encastrés dans des panneaux de vieux chêne
ou suspendus contre les cuirs de Cordoue des murailles. Des solives apparentes avec filets dorés et
intervalles de gueules et d'azur semés d'étoiles d'or
remplacèrent les plafonds; des écussons armoriés et
surmontés de casques empanachés furent fixés aux
quatre coins des salles éclairées par des vitraux mul-
ticolores, et les romances mêmes de la reine se res-
sentirent de ce débordement de moyen âge.

Parfois Hortense allait se retremper dans les joies
pures et simples de la campagne, pour lesquelles
elle affectait la plus grande prédilection, mais dont
elle n'usait que médiocrement. Ce goût d'ailleurs ne
va guère qu'avec des affections douces ou des passions
sauvages à la René. Ces dispositions n'étaient point
celles de la mondaine Hortense. On a dit qu'elle tenait
de sa mère le goût de la botanique et des fleurs parce
qu'elle engloutit presque autant d'argent à Saint-Leu
que Joséphine à la Malmaison. On a dit aussi (qu'on
nous pardonne cette érudition, elle n'est pas la nôtre;
mais c'est ici le lieu de rectifier une erreur assez
répandue parmi les amateurs d'horticulture) que les
premiers *hortensias* qui parurent en France furent
cultivés à la Malmaison et que ce nom leur fut donné
en l'honneur de la reine Hortense[1]. Il n'en est rien.
« L'hortensia, originaire du Japon, fut d'abord cultivé par les Hollandais et les Anglais, qui l'avaient

---

1. *Rueil, le château de Richelieu et la Malmaison*, par
MM. JACQUIN et DUESBERG, p. 297. — *Histoire de l'impératrice
Joséphine*, par Joseph AUBENAS, t. I, p. 142. — La biographie
Michaud dit que ce nom d'*hortensia* fut bien donné par Com-
merson, mais à cause de sa maîtresse, Hortense Barré. Quoi
qu'il en soit, la reine Hortense n'a rien à voir avec cette plante.

placé parmi les hydrangées et l'avaient nommé hydrangée des jardins, à cause de sa beauté, *hydrangea hortensis*. Commerson en a fait le genre *Lepautia*, dédié à son ami Lepaute, et a changea *hortensis* en *hortensia*, Hortense, nom de la femme de ce célèbre horloger. »

CHAPITRE V

Hortense aimait mieux, quoiqu'elle se plût à dire
le contraire, le monde et ses fêtes que le repos de la
campagne. L'empereur voulait que les princesses
donnassent un bal chaque semaine. La reine Hortense ne semble pas s'être fait prier pour recevoir.
Son jour était le lundi. Il arrivait parfois des aventures bien amusantes aux fêtes des princesses impériales. A l'un des bals de la grande-duchesse de Berg,
la reine Hortense, qui était enceinte de huit mois,
avait trouvé plaisant de se rendre costumée en vestale! Sa grossesse étant des plus apparentes, l'idée

était originale. Il faut dire aussi que c'était le moment
de la grande vogue de l'opéra *la Vestale*. Tout alors
était à *la vestale*. La grande-duchesse de Berg, devant
l'idée de sa belle-sœur, avait donc organisé un quadrille de vestales. « Ce sera très gai! » avait-elle dit.
Et, pour que ce fût encore plus gai, elle voulut que
le quadrille fût conduit par une *Folie*, avec grelots au
bonnet et marotte à la main. C'était sa marotte à
elle.

Le secrétaire des commandements de Mme Murat
avait recommandé à Hortense, pour tenir cet emploi
de *Folie*, une certaine personne renommée par la
précision avec laquelle elle savait exécuter toutes les
danses de ce temps. Cette jeune fille, Mlle Guillebeau,
qui habitait chez sa mère, était proposée par celle-ci,
dans les salons à la mode, pour danser avec un tambour de basque. La reine Hortense fut enchantée de
confier à une personne si versée dans les choses de
la danse les fonctions de directrice du quadrille des
vestales. Elle seule, paraît-il, pouvait accepter de se
montrer sous le costume exact — la reine y tenait
beaucoup — d'une *Folie*. Elle était du reste fort bien
faite et le maillot couleur de feu qu'elle portait mou-
lait à merveille la perfection de ses formes. Il paraît
que Murat voulut juger de trop près des beautés plas-
tiques de Mlle Guillebeau. Mme Murat, par malheur,
survint au moment où son volage époux, à qui le
maillot couleur de feu allumait sans doute les idées,
faisait la folie d'embrasser celle qui devait diriger le
quadrille des vestales. Aussitôt, scène de jalousie
dont les éclats s'entendirent dans tout le salon. « Je
veux qu'elle sorte! s'écriait la princesse avec sa voix
aigre et son accent méridional; j'entends que cette
créature ne vienne pas faire ses folies jusque dans

mon palais! » Et la pauvre *Folie* avait, sans plus de façons, été mise à la porte.

La reine Hortense, qui avait amené la petite Guillebeau à l'Élysée, se sentit atteinte dans sa dignité par l'acte de vigueur de sa belle-sœur. Elle crut devoir soutenir sa protégée. La princesse Caroline lui répondit avec aigreur; des mots fâcheux furent même échangés. Le résultat de tout ceci fut que, pour faire pièce à Caroline, l'impératrice Joséphine, conseillée par Hortense, proposa d'accorder une place de lectrice dans sa maison à la jeune Folie. Comme elle était jolie, l'empereur n'y fit point difficulté. La petite Lacoste, Mme Gazzani, etc., l'avaient habitué à considérer la beauté comme la principale qualité des lectrices. Il partait quelques jours après pour Bayonne avec l'impératrice : la petite Guillebeau fut du voyage et entra immédiatement en fonctions. Mais il paraît que l'empereur se laissa surprendre par la jalouse Joséphine en train de feuilleter avec sa lectrice quelques pages du livre d'amour. Une explication eut lieu et la paix fut conclue; seulement, c'est la lectrice qui en fit tous les frais. Elle fut reconduite à Paris sans perdre un instant.

Mais quel singulier choix avait fait Hortense, pour diriger son quadrille, d'une femme qui, au su de tous, accordait ses faveurs à Junot, etc., etc., et qui ne fut pas plus cruelle à Napoléon après que, par une inconséquence digne de celle d'Hortense, il eut nommé cette donzelle lectrice de sa Majesté l'impératrice!

Il n'arriva point de mésaventures de cette sorte aux soirées de la reine Hortense, et cependant, à ce

que raconte son admiratrice, la duchesse d'Abrantès,
le monde qu'elle recevait chez elle était très mêlé.
« Quelques personnes étaient bien, quelques autres
beaucoup moins, et d'autres pas du tout[1]. » Et pourtant la duchesse d'Abrantès a des trésors d'indulgence pour tout ce qui est irrégulier. Mais c'était là
une conséquence du goût mal compris d'Hortense
pour les arts, qui lui faisait admettre chez elle le
moindre croque-notes ou le plus hirsute des rapins
sous prétexte de protéger les artistes. Elle croyait
découvrir en eux des hommes de génie et agissait en
cela, comme dans les choses les plus graves de la
vie, avec une légèreté et une inconséquence éton-
nantes.

Là où elle était tout à fait charmante, par exemple,
c'est dans les bals d'enfants qu'elle donnait pour
amuser ses fils. Comme il n'y avait que des enfants
et des mamans, elle n'était pas distraite de ses devoirs de maîtresse de maison par la conversation des
hommes qu'elle préférait trop ouvertement à celle
des femmes. Elle se donnait tout entière à son petit
monde. « C'était ces jours-là, dit la duchesse d'Abrantès, que la reine était bonne et faite pour être aimée !
Elle était là comme la mère de toute cette jeunesse
qui tourbillonnait autour d'elle. On tirait une loterie
pour les enfants où tous les numéros gagnaient ; elle
y présidait, dirigeait les lots, changeait ce qui ne
plaisait pas et devenait mère de chaque enfant pour
lui donner une joie[2]. » Le côté maternel, inné chez
toute femme et qu'Hortense avait comme les autres,

1. Duchesse d'Abrantès, *Histoire des Salons de Paris*,
t. IV, p. 395.
2. *Ibid.*, t. IV, p. 396.

Cliché Tallandier

CAUTERETS et ses environs d'après une gravure du temps

trouvait aussi bien son compte, dans ces divertissements, que son côté petite fille, et la duchesse d'Abrantès confirme par cette phrase le jugement déjà porté sur Hortense.

C'est à cette époque qu'Hortense fut sur le point de voir changer son titre de reine de Hollande contre celui de reine d'Espagne. On a vu que Napoléon était parti pour Bayonne. Avant de quitter Paris, il avait écrit à Louis que, dans le cas où il trouverait utile de changer la dynastie espagnole, il lui destinait le trône d'Espagne, qui lui conviendrait mieux, pour sa santé et celle d'Hortense, que celui de Hollande, que ce n'était d'ailleurs qu'un projet, mais qu'il était possible, si les circonstances le permettaient, que tout fût fait en quinze jours. Louis refusa[1].

C'est vers ce temps, le 20 avril 1808, que la reine Hortense mit au monde son troisième fils. Il y eut, le 2 juin, une petite cérémonie intime dans laquelle l'empereur donna à cet enfant les noms de Charles-Louis-Napoléon. On remarqua fort que le roi Louis ne vint ni pour les couches de sa femme, ni pour cette petite fête de famille et qu'il ne s'y fit pas représenter. On en a conclu qu'il voulait protester, par son absence, contre la légitimité de cette naissance. D'un autre côté, comme l'amiral Werhuell, qui avait accompagné la reine à Cauterets, fut un des témoins qui signèrent une sorte d'acte de baptême civil qu'on rédigea en cette réunion, on en a également conclu qu'il était le vrai père de l'enfant. Ce sont là de fortes

____

1. MÉNEVAL, *Mémoires*, t. II, p. 165 ; BOURRIENNE, *Mémoires*, t. VIII, p. 126-129.

présomptions que Louis connaissait l'infidélité de sa
femme. Il avait dû faire vraisemblablement un rapprochement entre la date de l'arrivée d'Hortense auprès de lui, à Toulouse, et la date de son accouchement : ses incertitudes dès lors étaient fixées.

Lorsque l'empereur revint de sa laborieuse campagne d'Essling et de Wagram, le bruit de son prochain divorce, qui courait périodiquement Paris, prit
de la consistance. Après son retour de Fontainebleau, où il passa quelques semaines, on ne tarda
pas à savoir qu'il avait irrévocablement fixé sa décision. Désespérée de cette détermination, la reine
Hortense, à qui l'empereur avait refusé le divorce,
osa lui faire des représentations sur le sien; elle fut
plus désespérée encore du refus que Napoléon lui
opposa, avec tous les ménagements possibles, en
mettant en avant les nécessités de sa politique. Hortense savait que, lorsque l'empereur parlait des intérêts de sa politique, toute observation était inutile.
Elle se retira donc, mais navrée, malgré son amour
pour l'obscurité, d'une décision qui allait enlever à
sa mère la plus belle couronne de l'Europe et la
mettre elle-même dans une situation incomparable-
ment inférieure à celle qu'elle avait eue jusqu'alors.
En l'accompagnant jusqu'à la porte de sa mère, l'empereur lui disait : « Allons, ma fille, du courage ! —
Oh! Sire, j'en aurai », répondait-elle; et ces mots
avaient peine à se faire passage à travers ses sanglots
et ses larmes.

De même qu'Hortense avait exagéré les manifesta-
tions extérieures de son affliction quand elle perdit son
malheureux fils, Joséphine mit en scène une douleur
théâtrale le jour où elle dut déposer sa couronne. Sa

fille la consola dans sa disgrâce; elle la soutint de
son bras lorsqu'elle entra dans le salon où devait se
dérouler le petit drame officiel et intime du divorce
devant une famille où toutes deux ne comptaient que
des ennemis. Comme l'impératrice, Hortense avait
mis ce jour-là une robe de velours noir, jugeant que
la sévérité de cette étoffe cadrait mieux avec le sérieux de la circonstance et la douleur de leur cœur.
Si elles n'avaient écouté que leurs sentiments, c'est
de deuil qu'elles se fussent habillées. L'empereur
trouva cependant à redire à la sévérité de leur mise
et leur en manifesta son mécontentement.

La reine Hortense avait voulu profiter de ce que
l'empereur, en divorçant, paraissait avoir modifié ses
idées sur le divorce, pour se démarier elle aussi. Elle
lui fit donc part, encore une fois, de son désir. Le roi
Louis, avec lequel elle s'était entendue — ce fut la
seule fois qu'il y eut entente dans ce ménage — joi-
gnit ses instances aux siennes. Mais Napoléon refusa
obstinément de combler leurs vœux sur ce point. « Il
sentait qu'une sorte de ridicule se serait attachée à
cette multiplicité du même événement dans sa famille [1] ». D'ailleurs le divorce était interdit aux
membres de la famille impériale par le statut du
30 mars 1806, et l'empereur n'eut qu'à le rappeler
aux deux époux désolés. Ceux-ci se souvinrent alors
qu'ils pouvaient obtenir la séparation de corps si
l'empereur les autorisait à la demander. Faute du
divorce, ils sollicitèrent donc la séparation. L'empereur déclara que la question était trop importante
pour qu'il la tranchât de sa propre autorité, qu'il
allait réunir le conseil de famille et qu'il s'en rappor-

1. M** DE RÉMUSAT, *Mémoires*, t. III, p. 252.

terait à sa décision. Le conseil fut effectivement réuni et ces malheureux époux apprirent avec douleur qu'il avait déclaré qu'il y avait lieu d'ajourner toute décision.

La malheureuse Hortense, à cette époque de sa vie, eut plus d'une bouchée amère. Après le divorce de Napoléon, dont elle fut plus affligée qu'elle ne voulut bien en convenir, car s'il découronnait Joséphine, il était pour elle une véritable déchéance et lui enlevait l'espoir de voir ses enfants succéder à leur oncle sur le trône de France, il y eut de fâcheux démêlés entre le roi Louis et l'empereur. A la suite de ces démêlés, qu'il serait trop long d'énumérer ici, l'empereur déclara au Corps législatif, le 6 décembre, que des changements seraient bientôt nécessaires dans le royaume de Hollande. Hortense, qui tenait à sa couronne beaucoup plus qu'elle ne le disait, alla, tout angoissée, demander à Napoléon si sa situation, si celle de son mari étaient visées par ces paroles menaçantes. « Ma foi, répondit l'empereur, entendez ces paroles de manière à en avoir peur. Votre mari est un ingrat, la Hollande doit marcher avec la France; s'il me pousse à bout, j'irai jusqu'à le faire interdire. — Il vaudrait mieux, répliqua Hortense, le détrôner que l'avilir ainsi. — Eh bien! qu'il se soumette à mes volontés, donnez-lui ce conseil. — Il ne m'écoutera pas. — Tant pis pour vous, ce sera votre faute; vous n'avez pas voulu de son amour, il ne vous accorde pas sa confiance. Si vous aviez voulu, votre mari serait votre esclave, et maintenant vous le dirigeriez dans l'intérêt de vos enfants. »

Hortense était atterrée. Ces paroles de l'empereur résumaient de la façon la plus juste la situation que la reine s'était faite à elle-même par ses mauvais procédés et sa conduite inconsidérée vis-à-vis de son mari. Elle pouvait mesurer maintenant les conséquences de ses caprices égoïstes, de ses entêtements de petite fille fantasque[1]. Elle essaya un peu plus tard de les réparer, mais, en attendant elle devait se préparer à subir plus d'une humiliation. Il lui fallut servir l'empereur en s'entremettant auprès de Mme de Metternich pour arranger son mariage avec Marie-Louise[2]. Lors des fêtes de ce second mariage de Napoléon, elle dut obéir à l'ordre de porter la queue de la nouvelle impératrice, concurremment avec les reines d'Espagne et de Westphalie et les

1. Napoléon a dit à Sainte-Hélène, et il l'a dit en termes fort atténués, parce que ses sentiments l'étaient eux-mêmes par le recul des événements et aussi parce qu'il savait qu'il parlait pour la postérité et ne voulait pas trop charger celle qu'il aimait comme sa fille : « Hortense, si bonne, si généreuse, si dévouée, n'est pas sans avoir eu quelques torts avec son mari ; j'en dois convenir en dehors de toute l'affection que je lui porte et du véritable attachement que je sais qu'elle a pour moi. Quelque bizarre, quelque insupportable que soit Louis, il l'aimait ; et, en pareil cas, avec d'aussi grands intérêts, toute femme doit toujours être maîtresse de se vaincre, avoir l'adresse d'aimer à son tour. Si elle eût su se contraindre, elle se serait épargné le chagrin de ses derniers procès ; elle eût eu une vie plus heureuse ; elle eût suivi son mari en Hollande et y serait demeurée. Louis n'eût point fui d'Amsterdam ; je ne me serais pas vu contraint de réunir son royaume, ce qui a contribué à me perdre en Europe, et bien des choses se seraient passées différemment. » (*Mémorial*, t. II, éd. Garnier, p. 332.) Oui, Hortense n'a jamais songé à se contraindre en quoi que ce fût ; elle était beaucoup trop personnelle, trop égoïste, pour se contraindre. Mais Michelet n'avait-il pas raison de dire que tout parti périt par les femmes ? Le trône de Hollande, élevé par Napoléon pour son frère, tomba, de l'aveu même de Napoléon, par la faute d'Hortense, et l'annexion de la Hollande à la France fut une des nombreuses causes de la chute de l'Empire ; on peut compter parmi celles-ci les fautes et les crimes de Caroline Murat, reine de Naples. (Voir notre ouvrage sur *les Sœurs de Napoléon*.)

2. METTERNICH, *Mémoires*, t. I, p. 319.

princesses Élisa et Pauline. Cette communauté d'humiliation la fit, pour un temps, l'alliée de ses belles-sœurs et la haine réunit ces femmes que les liens de famille n'avaient pu rapprocher. Mais l'humiliation d'Hortense était plus grande que celle de ses belles-sœurs, car la nouvelle impératrice avait pris la place de sa mère. Aussi garda-t-elle de cette humiliation un souvenir dont l'amertume ne s'effaça jamais. Elle dit un jour, plus tard, à la princesse de Canino, femme de Lucien, et elle pleurait en le disant : « Croyez bien, ma sœur, que ce moment-là, qui fut un des plus grands chagrins que j'aie jamais ressentis, est aussi un des remords de ma vie. Oh ! non, je n'aurais jamais dû me soumettre à cette exigence : ce sera une tache à ma mémoire[1]. » Pauvre Hortense ! Si elle n'avait que celle-là !

Marie-Louise n'avait cherché à gagner aucune de ses belles-sœurs par une attention, par un mot aimable ; elle semblait au contraire tenir à distance — sa timidité et son insignifiance en étaient sans doute les causes — toutes les femmes de la famille impériale. Celles-ci, qui ne pouvaient comprendre un sentiment qu'elles n'avaient jamais éprouvé, lui en voulurent mortellement de cette froideur. La douce Hortense se laissa bientôt aller jusqu'à dire : « Dieu merci, nous sommes bien vengées, ma mère et moi, des malices de nos belles-sœurs ; elles trouvent enfin à qui parler avec cette archiduchesse qui les déteste et qui ne se gêne pas pour le leur montrer. Elle tient cercle à part, on n'arrive pas chez elle comme on arrivait chez ma mère. Il faut se faire annoncer, sa-

---

1. Th. Iung, *Lucien Bonaparte et ses Mémoires*, t. II, p. 161. — Note de la princesse de Canino, femme de Lucien.

voir si on veut vous recevoir : jugez des impatiences
de ces dames, si orgueilleuses et si familières avec la
première femme de leur frère. »

Le roi Louis avait été mandé par l'empereur,
comme les autres rois feudataires de l'Empire, aux
fêtes de son mariage. Louis, qui ne se souciait pas de
quitter la Hollande en ce moment, avait convoqué
ses ministres en conseil et leur avait demandé leur
avis. Ceux-ci pensèrent que, dans l'intérêt de la Hollande, il devait se rendre à Paris. Il y alla donc. Il
vécut le plus retiré possible, non pas avec sa femme,
mais dans l'hôtel de Madame Mère. L'empereur, qui
craignait qu'il ne repartît pour la Hollande, le faisait
surveiller par la police d'une façon étroite et blessante. On savait qu'il avait l'idée de s'en retourner,
et il l'eût mise à exécution si des gendarmes d'élite,
qui cernaient l'hôtel, ne s'y étaient opposés. Louis
craignait, en effet, que, pendant son absence, l'empereur n'annexât purement et simplement la Hollande
à son Empire.

L'empereur, cependant, avait profité de l'arrivée de
son frère pour tâcher d'amener un rapprochement
entre lui et la reine. Lorsqu'il était allé à Compiègne
au-devant de la nouvelle impératrice, il lui avait in-
tentionnellement assigné, dans le palais, un appartement donnant sur celui d'Hortense. Mais aucun des
deux époux ne consentit à tendre la main à l'autre,
et ils n'échangèrent même pas une parole. Pourtant
la reine Hortense, qui n'avait pas oublié l'algarade
bien méritée que lui avait faite l'empereur sur les
conséquences de sa conduite envers son mari, voulut
essayer de réparer, non pas ses torts, mais les effets
de ses torts. Elle se résolut à repartir pour la Hollande. Aussi bien avait-elle pour cela plus d'une rai-

son. Outre le désir de plaire à l'empereur, elle voulait surveiller la façon dont Louis exécutait les ordres de Napoléon, tant elle avait peur de voir lui échapper la couronne ! Elle se proposait aussi de prendre à l'avenir sur lui une influence à laquelle, dans sa légèreté, elle n'avait jamais songé. Enfin elle n'était pas fâchée de s'éloigner pour quelque temps de la cour des Tuileries, où sa position était singulièrement amoindrie ; il lui répugnait aussi de voir une autre impératrice à la place que sa mère avait occupée et cette nouvelle souveraine ne lui inspirait qu'une très médiocre sympathie. Et puis, en retournant auprès de son mari, elle mettait de son côté l'opinion publique, elle se rendait aussi au vœu de sa belle-mère et faisait preuve, quoi qu'elle en eût, d'une respectueuse déférence pour ses conseils.

Hortense alla donc à La Haye, mais non avec le roi ; elle l'y rejoignit par une autre route. Son mari, cette fois, n'avait nullement désiré ce rapprochement. Il n'avait plus pour elle le moindre amour. Ils vécurent cependant encore sous le même toit. Mme de Rémusat dit qu' « il l'accusait hautement en Hollande, car il voulait avoir l'air d'une victime[1] ». C'est justement le rôle que la reine jouait de son côté. Il est probable que le roi ne cacha pas à ses ministres les griefs qu'il avait contre sa femme : quant à passer pour une victime, il n'avait pas besoin de chercher à s'en donner l'apparence ; tout le monde voyait qu'il l'était. Si la reine avait eu le moindre sentiment de ses devoirs, et comme femme et comme reine, est-ce qu'elle n'aurait pas tenu à honneur de demeurer près de son mari ? L'empereur, malgré sa bienveillance

1. Mme DE RÉMUSAT, *Mémoires*, t. III, p. 252.

La comtesse REGNAULT de St JEAN d'ANGELY
d'après un tableau de GÉRARD

excessive pour elle, ne s'y était pas trompé et avait fini par le lui dire. Mais les Hollandais, qui avaient vu avec satisfaction le roi Louis prendre leurs intérêts et les défendre contre les sévères prescriptions du blocus continental, accusèrent la reine de s'être faite l'agent de Napoléon et de ne venir en Hollande que pour peser sur la conscience du roi. Ils ne se trompaient pas sur ce point; telle était bien l'intention d'Hortense. Ils l'accusaient surtout d'avoir influencé Louis au moment de la cession à la France, par le traité du 16 mars 1810, des provinces hollandaises situées à la droite de l'Escaut et de l'avoir poussé à redoubler de rigueur dans la surveillance du service des douanes. Mais ceci est moins prouvé.

Cependant, de nouveaux tiraillements se produisirent entre le roi et l'empereur. Louis ne pouvait se résoudre à appliquer des mesures qu'il avait pourtant promis à Napoléon de faire exécuter. Un incident insignifiant, une rixe de laquais à laquelle le comte de la Rochefoucauld, ambassadeur de France à La Haye, donna une importance exagérée, provoqua la colère de l'empereur. Il écrivit au roi Louis une lettre fort dure[1]. Au reçu de cette lettre, Louis n'hésita plus à se décharger d'un sceptre qu'il ne lui était pas permis de manier à sa guise, et, quoiqu'il lui en coutât, il abdiqua et adressa un message au Corps législatif du royaume pour lui faire connaître les motifs de son abdication.

On a dit « que le roi Louis, au moment de son abdication, avait déposé aux archives de La Haye une

1. Cette lettre ne figure pas dans la *Correspondance de Napoléon*. On la trouve dans les *Mémoires de Bourrienne*, t. VIII, p. 146, et dans l'ouvrage de M. F. Rocquain, *Napoléon Ier et le roi Louis*, p. 277. Elle est datée de Lille, le 23 mai 1810.

protestation contre « ce luxe d'héritiers dont le grati-
fiait la reine Hortense de toutes les mains, de la
gauche comme de la droite[1]. » Nous avons fait chercher ce document à la Haye. M. Th. Van Riemdsdyck,
archiviste général du royaume, nous a affirmé qu'il
ne se trouve point dans les archives confiées à ses
soins ; M. le baron Snouckaërt van Schaubourg,
directeur des archives et de la bibliothèque de S. M. la
reine de Hollande, qui s'est prêté lui aussi, avec la
plus gracieuse complaisance, à seconder nos recher-
ches, n'a pas non plus connaissance de cette protestation. « Au moment où la Hollande a été réunie à la
France, dit-il, tous les documents concernant la
famille impériale ont été portés à Paris, aux archives
du quai d'Orsay. Depuis, Napoléon III les avait fait
porter aux Tuileries et il est probable qu'ils ont été
détruits dans l'incendie du palais, en 1871. » Quoi qu'il
en soit, il faut remarquer qu'au moment de l'abdication de Louis (juillet 1810), la reine Hortense ne lui
avait pas encore donné d'héritier « de la main
gauche », puisqu'il n'avait pas désavoué officiellement
la paternité du troisième fils de sa femme, et M. de
Morny est né le 21 octobre 1811. Le roi Louis ne peut
donc l'avoir visé dans cette prétendue lettre de protestation, puisque, à ce moment, la reine n'était pas
encore enceinte de lui.

L'auteur du *Dernier des Napoléon* ajoute que le roi
avait écrit cette protestation « pour motiver sa double
fuite loin du royaume et loin de sa femme. « Les con-
fidences du roi Louis, dit-il, expliquaient énergiquement que ce n'était pas seulement les exigences du
despotisme impérial qui lui faisaient abandonner la

1. *Le Dernier des Napoléon*, p. 16.

place, mais que les habitudes par trop dégagées, par trop libérales de la reine, avaient largement contribué à son désespoir[1]. » Le général de Ricard, dans des fragments de *Mémoires*, confirme ce dire : «... Enfin la première *dispute* entre Louis et son frère vint à cause d'Hortense. Le roi de Hollande s'expliqua franchement : il ne voulait point sa femme près de lui; on la lui envoya, et il renonça à la couronne[2]. » C'est là une erreur. Il est probable que le retour d'Hortense près de lui ait contribué à aigrir chez le roi une humeur que la maladie, ses discussions avec l'empereur et la nécessité d'appliquer des mesures contraires à sa conscience ou d'abdiquer n'avaient déjà que trop aigrie. Mais ce retour n'est point la raison déterminante de l'abdication de Louis, d'abord parce qu'il n'a déposé la couronne qu'environ trois mois après l'arrivée d'Hortense à La Haye, ensuite parce qu'Hortense était aux eaux de Plombières lorsqu'il a quitté la Hollande. Voici une lettre d'Hortense à l'empereur qui le prouve :

« Sire, je n'ai reçu aucun courrier de Hollande, seulement une lettre de Mme de Boubest (Hortense veut dire Mme de Boubers, gouvernante de ses enfants) qui m'annonce le départ du roi. Je joins cette lettre à la mienne, j'allais l'envoyer à Votre Majesté, quand j'ai reçu son courrier et lui demander ce qu'il faut que je fasse, car je ne veux jamais faire que ce qui lui plaira. J'envoye M. de Marmold chercher le prince et l'amener près de moi puisque Votre Majesté le permet. Je ne serais pas encore assez bien pour aller jusqu'à Laecken, cependant si Votre Majesté tient à quelque

1. *Le Dernier des Napoléon*, p. 19.
2. Général DE RICARD, *Autour des Bonaparte*, p. 216.

chose, je suis mieux et je ferai toujours ce qui lui sera agréable. La pensée de vivre tranquille près d'Elle est ce qui peut me rendre la plus heureuse et je la prie de croire que ce seront toujours les vœux de sa fille

« HORTENSE.

« Si je reçois quelque courrier, je l'enverrai tout de suite à Votre Majesté.

« Plombières, ce 10 juillet 1810[1]. »

Hortense n'exprime dans cette lettre aucune appreciation sur la conduite extraordinaire de son mari ; elle ne laisse pénétrer aucun de ses sentiments. On voit pourtant qu'elle n'aspire qu'au calme d'une vie tranquille près de l'empereur — mais est-ce bien sincère ? — et qu'elle sollicite, par une soumission excessive, peut-être pour contraster avec la révolte de Louis, la bienveillance de Napoléon. Malgré ce calme apparent, Hortense devint malade de chagrin.

L'empereur, lui, n'accueillit pas cette nouvelle avec l'indifférence que semblait avoir Hortense. Il déplora dans les termes les plus amers ce qu'il appelait l'ingratitude de son frère ; la douleur et le dépit lui arrachaient des larmes. « Devais-je m'attendre, s'écriait-il, à un tel outrage de la part d'un homme à qui j'ai servi de père ? Je l'ai élevé avec les faibles ressources de ma solde de lieutenant d'artillerie ; j'ai partagé avec lui mon pain et les matelats de mon lit. Où va-t-il ?... Chez les étrangers, pour faire croire qu'il n'est pas en sûreté en France ou dans les États soumis à mon influence[2]. »

1. Archives nationales. — Lettre reproduite dans *Les Secrets des Bonaparte*, par Ch. NAUROY.

2. MÉNEVAL, *Mémoires*, t. II, p. 369.

Le roi Louis était en effet parti pour se rendre aux eaux de Tœplitz, en Bohême. Il se fit dès lors appeler le comte de Saint-Leu, du nom de sa propriété des environs de Paris.

Après quelques moments de réflexion, l'empereur dépêcha M. Decazes à Tœplitz pour faire des représentations à son frère. Personne ne pouvait mieux convenir à cette mission. Il avait été secrétaire du cabinet du roi Louis, il était secrétaire des commandements de Madame Mère et conseiller à la Cour d'appel de Paris, ce qui ajoutait quelque poids au caractère privé et presque familial qu'il avait auprès de Louis. M. Decazes était chargé d'inviter le roi à quitter les États autrichiens et à se fixer, sinon en France, du moins dans un pays gouverné par un prince français. Louis refusa tout net. Il était résolu à conserver son entière liberté et prenait en même temps une satisfaction rancunière à protester, par son séjour à l'étranger, contre l'annexion de la Hollande à la France, annexion que l'empereur avait prononcée après son départ de Hollande. Louis, en quittant Tœplitz, se fixa à Gratz, en Styrie.

Il était désormais impossible d'espérer une réconciliation entre Hortense et son mari. L'empereur s'occupa alors de la situation de sa belle-fille. Il autorisa la séparation de corps, décida que la reine garderait avec elle ses deux enfants et que l'aîné aurait en apanage le grand-duché de Berg. Quant à elle, il la traita magnifiquement. Il lui assura deux millions de revenu, dont un million sur le Trésor, au nom de son fils aîné, comme prince français, et le second million composé de bois autour de Saint-Leu et 500,000 francs de propriétés en Hollande, au nom de son second fils. Hortense devait avoir la jouissance de ces revenus jusqu'à la majorité de ses enfants. Un arrangement survint bientôt qui la déchargea des ennuis d'une administration de biens territoriaux en Hollande : l'empereur fit vendre les terres qu'il lui avait assignées en ce pays et les remplaça par une inscription de 500,000 francs sur le Grand-Livre. Elle recevait ainsi une rente assurée au lieu de revenus problématiques.

On a dit que la reine Hortense se consola de son chagrin « en s'appropriant les deux millions de rente que Napoléon fit décréter en faveur de son frère dépossédé[1]. » Ce n'est pas tout à fait exact : on vient de voir comment les choses se sont passées. Cela n'empêchait pas cette dotation d'être excessive : avec les trois millions alloués annuellement à Joséphine, cela faisait cinq millions que la France donnait par an pour entretenir ces deux femmes découronnées. C'était de la folie.

Quant au roi Louis, dès qu'il eut connaissance du sénatus-consulte qui assignait ce superbe traitement à Hortense, il lui défendit de rien accepter et lui enjoignit de se contenter du revenu des propriétés particulières qu'ils possédaient tous les deux.

La reine Hortense, malgré la simplicité de goûts qu'elle affectait, ne jugea pas à propos de pousser la délicatesse jusqu'à partager l'avis de son mari. Mme Cochelet a beau célébrer son désintéressement, elle n'en montra jamais ; elle eut au contraire une grande âpreté pour l'argent, tout en faisant semblant de croire, avec son petit air détaché des choses de ce monde, qu'on pouvait s'en passer pour vivre. Elle accepta fort bien les deux millions de rente que l'em

---

1. Fouché, *Mémoires*, t. II, p. 49.

pereur lui donnait et qui contribuèrent, plus que la musique et le dessin, à la consoler de la perte de sa couronne. Avec son habitude de déguiser ses sentiments, elle disait qu'elle était maintenant satisfaite de ne plus avoir les soucis du trône, qu'elle pourrait désormais mener une vie simple et selon ses goûts : « J'aurai maintenant, disait-elle, le loisir de faire de la musique. Mes sujets ne me fatigueront plus de leurs demandes d'audiences. Ce rôle de reine honoraire a bien son agrément... » Comme elle le disait, elle était, en effet, une reine honoraire ; quand à l'agrément, elle sut bien s'en donner. Elle partagea son temps entre Saint-Leu et la rue Cérutti, puis partit pour Aix-les-Bains. Sa santé en ce moment n'était pas très bonne, et Mme de Rémusat écrivait d'Aix-les-Bains à son mari, le 10 août : « La reine Hortense est toujours fort languissante, mais elle ne crache plus le sang, et le repos d'esprit et le mouvement d'un voyage en Suisse qu'elle projette lui feront beaucoup de bien... [1] »

Revenue à Paris avec une santé raffermie, Hortense reçut plus que jamais. Il n'y avait pas seulement des artistes parmi ses amis ; l'état-major du prince de Neufchâtel, l'armée, en comptaient aussi un bon nombre. Son laisser-aller avec eux, son extrême légèreté défrayèrent plus d'une fois la chronique galante de la capitale. On disait que l'amiral hollandais Verhuell, qui l'avait accompagnée en 1807, dans son voyage aux Pyrénées, était du dernier bien avec elle. On disait aussi qu'il n'y avait pas besoin d'avoir un grade si élevé dans la hiérarchie militaire pour plaire à la jeune et volage Hortense et l'on parlait d'une liaison

1. *Lettres de Mme de Rémusat*, t. II, p. 371.

qu'elle aurait eue, à cette époque, avec un jeune lieutenant de lanciers, M. de Brack [1]. Auprès de la reine, à sa cour comme pour lui faire la cour, il semblait que la particule fût de rigueur ; c'était un reste de ses opinions royalistes du temps de Saint-Germain. M. de Brack était distingué, instruit, tout à fait charmant ; il était blond, avait la peau très blanche et l'extérieur délicat, efféminé même. A cause de cela, ses cavaliers et ses camarades l'appelaient *Mlle de Brack*. C'était cependant, sous une apparence assez frêle, un solide et vigoureux soldat. C'est lui qui, plus tard, devenu général, écrivit cet immortel ouvrage dont le titre est trop modeste : *Des Avant-Postes de cavalerie légère*. M. de Brack fut donc présenté à la reine. Hortense aimait beaucoup la société des hommes. Comme elle ne savait que faire de son cœur et qu'elle lui cherchait un emploi, le jeune lieutenant sembla lui plaire tout d'abord ; la conversation fut bientôt vive et animée. Naturellement on parla d'amour. « Parler d'amour, c'est faire l'amour », a dit Balzac. C'est tout au moins un chemin qui y mène, les premières escarmouches se passant généralement en paroles. On escarmoucha donc, pour commencer, dans le parc de Saint-Leu ; puis bientôt

> La faim, l'occasion, l'herbe tendre, et je pense
> Quelque diable aussi la poussant,

la reine Hortense oublia tout à fait que M. de Brack n'était pas son mari et se réveilla de son extase boca-

----

1. « On connaît les nombreux amants de cette majesté... J'en citerai un parce que je l'ai connu et qu'il fut mon ami, M. de Brack. » (Général DE RICARD, *Autour des Bonaparte*, p. 215.)

M. de Brack fut aussi l'un des innombrables amants de la princesse Pauline Borghèse. (Voir notre ouvrage sur *les Sœurs de Napoléon*.)

Le comte LOUIS-MATHIEU MOLÉ
d'après un tableau d'INGRES

gère dans les bras du beau lieutenant. Elle engagea
le jeune officier à revenir et il paraît que leurs
relations ont duré longtemps.

Quoique employé, le cœur d'Hortense semblait toujours en disponibilité, car cette liaison n'empêchait
pas la reine de continuer à recevoir les hommages
de ses autres amis. Il y avait parmi ceux-là un jeune
colonel, appartenant à l'état-major du prince de Neufchâtel, grand, mince, aussi distingué que M. de Brack,
le comte Charles de Flahaut. C'était un des plus
agréables jeunes gens de Paris, sinon le plus agréable.
Napoléon seul ne partageait pas cette manière de
voir : étant lui-même court et gros, il critiquait la
taille élancée de ce jeune homme. Un jour que Joséphine vantait devant lui les grâces et l'esprit de
M. de Flahaut : « De l'esprit ? dit Napoléon ; brrrt!
qui n'en a pas... comme cela ? Il chante bien ? belle
qualité pour un soldat qui, par état, est presque
toujours enroué. Ah ! il est joli garçon, voilà ce qui
vous touche, vous autres, femmes !... Eh bien, je ne
lui trouve rien du tout d'extraordinaire. Il ressemble
à un faucheux avec ses éternelles jambes. Ça n'est
pas de la tournure naturelle. Il faut avoir de la tournure...

Et, regardant avec complaisance ses petites jambes
grasses enfermées dans des bas de soie, il semblait
dire :

— Pour avoir de la tournure, voilà comment il faut
être [1].

1. Duchesse D'ABRANTÈS, *Mémoires*, t. IV, p. 306. — Une autre
femme, qui a beaucoup connu M. de Flahaut, a dit de lui : « Il
était de la plus agréable figure ; il avait un ton parfait, beaucoup
de bonne grâce dans l'esprit et une grande douceur de caractère.
Il chantait remarquablement pour cette époque, et sa complaisance extrême ajoutait encore à son talent... Il avait toute

Hortense ne fut pas de l'avis de son beau-père et trouva vraisemblablement que M. de Flahaut ne manquait pas de tournure. D'ailleurs, elle avait un faible pour les militaires, et elle-même en convient. « De tous les honneurs qu'une femme peut recevoir, a-t-elle écrit, ceux que rendent les militaires ont toujours quelque chose de plus chevaleresque dont il est difficile de ne pas être flattée[1]. » Elle fut flattée, évidemment, des hommages de M. de Flahaut, qui devint de ses

l'étourderie qui sied à la jeunesse lorsqu'elle ne dégénère ni en fatuité ni en licence. Sa mère le grondait un jour sur une légèreté que la sévérité maternelle croyait devoir signaler : « Mon Dieu ! maman, lui dit-il, je crois que vous voudriez que la barbe me poussât toute blanche. » Cette charmante réponse mit fin au sermon commencé. » (Georgette DUCREST, *Mémoires sur l'impératrice Joséphine*, t. II, p. 51).

M. de Flahaut, qui était un des plus en vue parmi ceux qu'on appelait les *beaux de l'armée*, les *mangeurs de cœurs*, et que Napoléon appelait tout bonnement des *godelureaux*, était le fils du comte de Flahaut qui avait illustré son nom, sous la Terreur. Emprisonné après les journées de septembre, ce gentilhomme était parvenu, à force d'or prodigué par ses amis, à s'évader. Il vivait caché dans une retraite sûre. Un jour, une des rares personnes qui venaient le visiter lui raconta que son avocat, soupçonné de lui donner asile, avait été arrêté. Une pareille accusation était alors un arrêt de mort. M. de Flahaut, ne voulant point qu'un homme fût en danger pour lui, sortit de sa retraite et se rendit à la Commune. « Je suis, dit-il, le comte de Flahaut. On m'a dit que vous avez arrêté le citoyen... comme coupable de m'avoir donné asile. Ce n'est pas chez lui que j'étais caché. Mettez-le en liberté, me voici. » Quelques jours après, il était guillotiné.

Sa veuve émigra alors avec son fils. Elle alla en Angleterre, puis en Suisse. Elle se remaria plus tard avec M. de Souza, ambassadeur de Portugal. Elle est l'auteur de jolis romans, entre autres *Adèle de Sénanges*, *Eugène de Rothelin*, trop peu lus de nos jours, et qui, avec la *Valérie*, de M™ de Krudner, sont les modèles de ce genre qu'on a appelé le *roman intime*. C'est M™ de Souza que M™ de Staël a dépeinte et mise en scène sous le nom de M™ d'Arbigny, dans son roman de *Corinne*.

1. *La Reine Hortense en 1831*, fragments de ses *Mémoires inédits*, p. 249.

intimes. Elle faisait de la musique avec lui, chantait
avec lui... Il est probable que c'est la musique qui les
fit l'un et l'autre sortir de l'étiquette et les amena à
cet accord parfait dont devait naître M. de Morny.

Cependant M. de Flahaut ne manquait pas un des
bals où allait Hortense, non plus que de ceux qu'elle
donnait elle-même. Les bals masqués, fort en vogue
alors, se prêtaient merveilleusement aux manigances
amoureuses et la reine prenait un plaisir d'enfant à
ses rendez-vous sous le masque avec son bel et élégant colonel. Ah ! comme elle avait oublié le roi Louis,
cet ennuyeux infirme qui prétendait qu'une femme
devait être fidèle à son mari ! Comme elle avait mis
de côté cette humeur mélancolique dont elle s'était
fait une sorte de piédestal pour planer au-dessus du
vulgaire troupeau féminin ! Elle était gaie, maintenant, rieuse, aussi folle et aussi petite fille que dans
ses plus beaux jours. A l'un des bals masqués qui se
donnèrent aux Tuileries vers la fin de l'hiver de 1810-
1811, plus de mille personnes de la société, comme
on disait alors, mais non présentées, avaient été
invitées. Elles occupaient les premières et secondes
loges de la salle de spectacle et ne pouvaient ni cir-
culer, ni être déguisées. Elles avaient le droit de voir
les personnes de la cour s'amuser. Celles-ci occupaient le parterre qu'on avait élevé au niveau du
théâtre, et tout ce monde, masqué, en dominos ou
en costumes de caractère, se coudoyait, se démenait,
se trémoussait dans cette superbe salle de danse. Des
guirlandes de fleurs fraîches et de femmes superbe-
ment mises, resplendissantes sous le feu des mille
bougies des lustres, étaient le cadre de ces réjouissances impériales. L'impératrice Marie-Louise fit son
entrée à dix heures, suivie de sa maison d'honneur

et de celle de l'empereur. Les danses commencèrent
aussitôt. Les quadrilles des princesses furent intro-
duits aux sons cuivrés des musiques des régiments
de la garde. Celui de la reine de Naples représentait
dans toute leur exactitude, mais rehaussés par des
broderies, des dorures et des pierreries, les différents
costumes de l'Italie. Il fut complètement effacé par
celui de la reine Hortense, qui representait les Péru-
viens se rendant au temple du soleil. Il y avait là
Mmes de Menou, de Graville, Rene de Villeneuve, etc.,
resplendissantes de diamants et conduites par de
brillants cavaliers, MM. Perregaux, Lecoulteux de
Canteleu, de Canouville, etc. La reine, dont l'élégante
tournure et le joli pied ressortaient admirablement
sous la grâce de son léger vêtement, était conduite
par M. de Flahaut, dont le déguisement ne pouvait
cacher la taille souple et élancée.

Cet hiver fut remarquable par le grand nombre et
la splendeur des fêtes qui se donnèrent à Paris en
l'honneur de la nouvelle impératrice. Hortense, plus
éprise que jamais des arts et des plaisirs, non moins
éprise du beau colonel de Flahaut, portait à toutes
ces fêtes l'entrain et la gaieté qui ne sont, d'après un
adage erroné, que le propre d'une conscience sans
reproche. Mais, chez certaines femmes, la légèreté ne
tient-elle pas lieu de conscience? « J'ai toujours suivi,
a dit Hortense dans ses *Mémoires*, l'impulsion de mon
cœur [1] ». C'est fort bien dans certains cas, mais dans
d'autres elle eût mieux fait de suivre l'impulsion du
devoir : à cela, elle ne semble pas avoir jamais songé.
Et ses jours s'écoulaient, heureux et tranquilles, au

---

1. *La Reine Hortense en 1831*, fragments de ses *Mémoires
inédits*, p. 135.

milieu des fêtes du monde et des fêtes plus intimes de l'amour.

La reine dissimulait autant que possible sa liaison avec M. de Flahaut. Elle s'aperçut un beau jour qu'elle aurait aussi à dissimuler une conséquence toute naturelle de cette liaison. Elle était enceinte. Ce fut une désolation. Comment cacher cette grossesse ? Car, l'avouer, il n'y fallait pas songer : l'empereur n'eût point pardonné un pareil scandale. Elle décida donc de continuer à paraître à toutes les fêtes jusqu'à ce que, son embonpoint menaçant de devenir trop apparent, elle se dirait malade et se ferait ordonner par son médecin l'air de la campagne. Tout le monde ne savait-il pas qu'elle avait une santé très délicate ? Tout cela, en somme, serait assez facile à faire. Elle n'attendait son enfant — que diable venait faire au monde ce petit trouble-fête ? est-ce qu'on l'avait désiré ? — que vers la fin d'octobre. En voyageant *incognito*, pendant que tout Paris serait aux eaux et à la campagne, en prenant toutes les précautions nécessaires pour n'être pas reconnue, elle arriverait bien, parbleu, à dissimuler la preuve de son inconduite. Car une de ses coquetteries, parmi tant d'autres, était de *poser* pour la femme à principes. Cela lui donnait, dans sa position de femme malheureuse en ménage, de femme délaissée, une auréole de victime, de martyre presque, dont elle savait à merveille tirer parti : il est vrai que c'était pour se faire consoler.

Il y avait une chose, pourtant, dont elle ne se consolait pas très facilement. C'était moins de sa propre grossesse que de celle de l'impératrice. La naissance du roi de Rome lui enleva bientôt toute espérance de voir jamais l'un de ses fils sur le trône impérial.

Napoléon, qui se doutait bien de son chagrin — de celui-là seulement, — lui envoya, pour la consoler, deux tapisseries des Gobelins représentant un sacrifice à Diane et un Bonaparte à cheval. Les bordures portaient le chiffre de l'empereur et la couronne impériale ; le tout était estimé à 80,000 francs [1].

Plus décidée que jamais à dissimuler sa grossesse, Hortense dut se plaindre, un peu plus qu'elle ne le faisait par le passé, du mauvais état de sa santé. Les premiers malaises aidant, son rôle de malade était facile à jouer. Ce qui était plus difficile, c'était d'écarter pour un temps les dames et lectrices dont elle ne se séparait guère jusque-là. Elle en trouva évidemment le moyen. Toujours est-il que son état de grossesse ne devait pas être très apparent, car, enceinte de quatre mois, elle dut assister aux fêtes du baptême du roi de Rome : elle y représentait la reine de Naples, seconde marraine de l'enfant, la première étant Madame Mère. Aucun mémorialiste, cependant, n'a signalé, à notre connaissance, la présence d'Hortense à ces fêtes ; aucun ne donne le moindre renseignement sur l'emploi de son temps pendant cette année 1811, et pourtant, jusqu'à cette année, on a pu, pour ainsi dire, la suivre pas à pas dans les Mémoires des contemporains.

Mais on sait, que le 22 octobre de cette année, on déclara à la mairie du IIIe arrondissement, à Paris, la naissance d'un enfant qui, plus tard, devait être le duc de Morny et être traité en frère par Napoléon III.

Voici l'acte de naissance de Morny [2] :

1. H. BOUCHOT, *La Toilette à la cour de Napoléon*, p. 136.
2. PIOT, *État civil de quelques artistes français*, p. 90. — Ch. NAUROY, *Les Secrets des Bonaparte*, p. 135.

« L'an 1811, le 22 octobre, à midi sonné, par-devant nous, maire du III° arrondissement de Paris, soussigné, faisant fonctions d'officier de l'état civil,

« Est comparu le sieur Claude-Martin Gardien, docteur en médecine et accoucheur, demeurant à Paris, rue Montmartre, n° 137, division du Mail, lequel nous a déclaré que le jour d'hier, à dix heures du matin, il est né chez lui un enfant du sexe masculin, qu'il nous présente et auquel il donne les prénoms de Charles-Auguste-Louis-Joseph, lequel enfant est né de Louise-Émilie-Coralie Fleury, épouse du sieur Auguste-Jean-Hyacinthe Demorny (*sic*), propriétaire à Saint-Domingue, demeurant à Villetaneuse, département de la Seine. Lesdites présentation et déclaration faites en présence des sieurs Alexis-Charlemagne Lamy, cordonnier, âgé de 42 ans, demeurant à Paris, rue Buffault, 25, ami, et de Joseph Maauch, tailleur d'habits, rue des Deux-Écus, n° 3, ami.

« Lequel déclarant et les témoins ont signé avec nous après lecture faite. »

Il résulte de cet acte de naissance que le premier prénom de l'enfant est le prénom de M. de Flahaut. Des trois autres, Auguste est le nom de la femme du prince Eugène, Louis celui du mari d'Hortense, Joseph celui d'un de ses beaux-frères. Peut-être aussi ces prénoms ont-ils été donnés sans l'intention de rappeler cette parenté. Quant à cet Auguste-Jean-Hyacinthe Demorny, déclaré comme le père de l'enfant, M. Charles Nauroy a découvert ce qu'il était. « C'était, dit-il, un vieil ami de la reine Hortense, chevalier de Saint-Louis, qui, pour 6,000 francs de pension, consentit à reconnaître le fils qu'elle eut de Flahaut. Les registres de l'état civil de Versailles m'ont appris que « Auguste-Jean-Hyacinthe Demorny, officier au service de Prusse, né à Saint-Domingue, est décédé le 5 avril 1814, à sept heures du matin, à l'hospice de cette ville. » Comme les alliés étaient entrés à Paris le 31 mars, on peut supposer qu'il fut blessé dans leurs rangs et transporté à l'hôpital[1]. »

M. de Flahaut remit cet enfant à Mme de Souza, sa mère, qui l'éleva dans son hôtel de la rue Saint-Florentin.

Il est donc probable que la reine Hortense fit semblant de partir pour la campagne, qu'elle laissa à Saint-Leu ses dames et lectrices et rentra incognito à Paris ; elle se rendit alors dans la maison du médecin-accoucheur, M. Gardien, qui ne mérita jamais si bien son nom, et, sitôt rétablie, elle rentra à Saint-Leu comme revenant de voyage après escale à son hôtel de la rue Cerutti. Pour sa correspondance et autres menues nécessités de la vie, elle avait sans doute une personne sûre, M. de Flahaut probablement, qui faisait pour elle l'indispensable.

Tout ceci ne constitue pas des preuves, mais de fortes probabilités. Napoléon III a toujours traité M. de Morny comme un frère et personne n'a jamais contesté que M. de Morny fût le fils d'Hortense.

Avec l'année 1812, on retrouve Hortense dans les récits des mémorialistes. Il semble que sa santé ait un peu souffert et qu'elle ait maigri : sa gorge est évidemment en déficit, comme le montrent les indiscrètes factures du couturier Leroy pour le mois de mars de cette année :

« Ouette (*sic*) pour corsage... 4 francs[2]. »

<hr>

1. Ch. NAUROY, *Les Secrets des Bonaparte*, p. 136.
2. H. BOUCHOT, *La Toilette à la cour de Napoléon*, p. 179.

Le baptême du Roi de ROME à l'église N...

...RE-DAME d'après le tableau de GOUBAUD

Ses finances ne sont peut-être pas dans une plus brillante situation, car la reine ne dépense, dans cette année 1812, que 27,028 fr. 40 centimes chez Leroy. Une misère à côté des notes de sa mère.

La reine Hortense semble, d'ailleurs, être maintenant moins légère. Elle est même sérieuse, à en croire Mme de Rémusat qui, se méprenant sur les causes de ce sérieux, écrivait, le 12 juillet de cette année, à son mari : « En parlant de la reine, je ne puis assez te dire quel charme je trouve à l'intimité de sa société. C'est vraiment un caractère angélique et une personne complètement différente de ce qu'on croit. Elle est si vraie, si pure, si parfaitement ignorante du mal, il y a dans le fond de son âme une si douce mélancolie, elle paraît si résignée à l'avenir, qu'il est impossible de ne pas emporter d'elle une impression toute particulière. Sa santé n'est pas mauvaise, elle s'ennuie de cette pluie, parce qu'elle aime à marcher ; elle lit beaucoup et paraît vouloir réparer les torts de son éducation à certains égards. L'instituteur de ses enfants la fait travailler sérieusement, puis elle s'amuse du mal qu'elle prend, elle a raison. Cependant je voudrais que quelqu'un de plus éclairé dirigeât ses études. Il y a un âge où il faut plutôt apprendre pour penser que pour savoir, et l'histoire ne doit pas se montrer à vingt-cinq ans comme à dix[1]. »

Toujours petite fille, cette pauvre Hortense ! Elle s'aperçoit bien qu'il y a des lacunes dans son éducation, elle veut même combler ces lacunes, mais elle le fait sans suite ni méthode. Quant à la dire « si vraie, si pure, si parfaitement ignorante du mal, si complètement différente de ce qu'on croit », Mme de

1. Mme DE RÉMUSAT, *Mémoires*, t. II, p. 254.

Rémusat prend bien son temps! Elle était justement, en ce moment plus que jamais, le contraire de tout cela, et si jamais femme ne fut pas *vraie*, c'est bien Hortense. Mais alors elle mettait une sourdine à ses légèretés : sa dernière l'avait fait réfléchir!

Cependant, Hortense reprenait peu à peu ses forces. Elle réunissait plus que jamais chez elle les hommes du jour. Le comte de Ségur, le comte Molé étaient ceux avec qui elle aimait le mieux s'entretenir. « Dans ses cercles nombreux, Hortense causait avec tous les hommes en même temps; et, au milieu de sa conversation animée, elle dédommageait par un regard, un sourire, ceux qui, trop éloignés ou d'un rang inférieur, ou par modestie, ne pouvaient ou n'osaient pas se mêler à ce que l'on disait[1]. » Elle ne chantait plus, cela la fatiguait, et puis M. de Flahaut, avec qui elle chantait d'ordinaire, était à la guerre de Russie. Elle eut même un jour une bien vive inquiétude : elle apprit que, le 26 juillet, son amant avait été frappé d'un coup de feu : « Une balle avait déchiré son habit en effleurant sa poitrine sans toucher à la doublure, puis était venue égratigner son aiguillette[2] ». Quelques mois après, le 5 décembre, pendant la retraite, M. de Flahaut était nommé général de brigade et devenait le premier aide de camp du prince de Neufchâtel, ce qui fit un très grand plaisir à sa gracieuse maîtresse.

On a vu, plus haut, que la reine Hortense n'était pas aimée des femmes. La raison en est très simple. Quand elle se trouvait dans une réunion — et c'était presque tous les jours — elle ne s'occupait guère que

1. Général DE RICARD, *Autour des Bonaparte*, p. 215.
2. Maréchal DE CASTELLANE, *Journal*, t. I, p. 121.

des hommes, ne parlait qu'à eux et ne semblait pas
juger les femmes dignes de causer avec une femme
aussi remarquable qu'elle. Elle les froissait ainsi
dans leur amour-propre. Il y avait cependant quelques exceptions parmi les femmes qu'elle frappait
ainsi d'ostracisme, et elle recherchait volontiers les
suffrages de celles qui, par l'élévation de leur rang
ou leur réputation d'esprit se distinguaient de la
masse. Elle était aussi très bonne pour celles de sa
maison, et celles-ci avaient pour elle une admiration
qui allait jusqu'à l'obséquiosité. En voici un exemple
bien curieux :

Mme Mollien, femme du ministre du Trésor, qui
était une de ses dames pour accompagner, avait été
victime, un jour, d'un malheureux accident. Devant
aller au théâtre après son dîner, elle venait de
prendre son café et était passée dans sa chambre
pour mettre son châle et ses gants. Son mari, qui
l'attendait dans la salle à manger, ne la voit pas revenir. Impatienté, il va dans sa chambre et ne l'aperçoit pas. Où était-elle allée ? On cherche partout...
Rien ! Comme la fenêtre de la chambre était ouverte,
un affreux pressentiment pousse M. Mollien à regarder au-dessous de la fenêtre... Une masse blanche
gisait sur le pavé de la cour, à côté du perron !
C'était Mme Mollien. On se précipite, on la relève, on
la transporte sur son lit. Elle était comme morte. Des
médecins, appelés aussitôt, la soignent, la rappellent
à la vie, mais la malheureuse femme dut rester pendant près de six mois au lit et fut fort longtemps à
se remettre de cette terrible commotion.

Comment cet accident lui était-il arrivé? D'une
façon bien simple : elle était en train de mettre ses
gants, à la fenêtre, et s'était penchée un peu trop au

dehors, lorsqu'elle fut prise subitement d'un étourdissement; elle ne put se retenir et fut fort étonnée, en reprenant ses sens, de se voir sur son lit, entourée de médecins qui la frictionnaient et lui faisaient respirer des sels.

La reine Hortense, informée de ce malheureux accident, alla voir fréquemment Mme Mollien dans sa longue convalescence. Sa dame pour accompagner fut très reconnaissante de cette bonté et se plut à dire que c'étaient les visites de la reine qui lui avaient donné la force morale nécessaire pour se tirer d'affaire; elle voulut même immortaliser sa reconnaissance et la bienveillance de la reine. Elle commanda donc au peintre Garnerey, qui avait un talent pour les tableaux de genre et les scènes d'intérieur, une toile la représentant au lit, dans sa chambre; la reine Hortense s'avançait vers elle et au bas du tableau étaient inscrits ces deux vers de la romance de Richard Cœur de Lion :

> Ma dame approche de mon lit
> Et loin de moi la mort s'enfuit.

On trouva que cette façon de reconnaître la bonté de la princesse était ingénieuse et spirituelle; on s'extasia sur tant de bon cœur et de bon goût. C'était se montrer indulgent pour cette manière d'*ex-voto* où la flatterie tenait peut-être autant de place que la gratitude, mais où le mauvais goût en tenait plus que tout le reste.

Mais ce sont là de faux tons de la mode sentimentale du temps.

Hortense vivait donc de la vie qui lui plaisait le plus; elle avait toute liberté de faire ce qui lui convenait, astreinte seulement aux visites d'étiquette à l'impératrice Marie-Louise. L'empereur y tenait, et elle ne voulait pas le contrarier : ne lui avait-il pas fait un sort assez brillant pour qu'elle lui en montrât de la reconnaissance? Et quand ses dames, pour la détourner d'aller faire visite à l'impératrice, ce qui, elles le savaient, lui était pénible, la suppliaient de n'en rien faire, à cause de sa santé délicate, elle répondait, avec son air de résignation qui l'a fait passer pour une femme de devoir : « L'empereur le veut, l'empereur l'a dit. » Et elle faisait la visite. Elle se dédommageait de cette contrainte et de cette éternelle étiquette en allant voir sa mère à la Malmaison.

L'année 1812 se termina tristement. La France attendait avec une mortelle inquiétude des nouvelles de la grande folie de Russie. On ne voyait dans Paris, morne et à peu près désert, que des habits de deuil. Un vent de mort et de malheur semblait souffler sur le pays, épuisé par de trop longues et trop fréquentes guerres. Les échecs se succédaient en Espagne et l'on prévoyait le moment où il faudrait l'évacuer entièrement. Hortense sentait, comme tout le monde, cet état de gêne universelle. Les inquiétudes commençaient à l'envahir. Son frère Eugène, dont elle s'exagérait les mérites aussi volontiers qu'elle s'exagérait les siens, était à l'armée de Russie, comme M. de Flahaut. Elle avait pour lui une tendre amitié. Aussi lui écrivait-elle souvent; elle lui recommandait de ne pas s'exposer, d'être prudent. Et, toujours petite fille, elle disait : « Il ne m'écoute guère; si je mettais mes recommandations en chansons? Il ne m'est pas difficile de composer de la musique, mais c'est les vers... je n'y entends rien. » Pleine de cette pensée d'envoyer à son frère des lettres en musique, au milieu des neiges et des horreurs de la retraite, elle fit composer des romances et les lui adressa. Cela ne cadrait guère avec l'extrême gravité des circonstances, mais Hortense était ainsi : elle ne voyait jamais *juste*.

En voici une preuve plus frappante. L'empereur venait de revenir de Russie, presque en fugitif. Comme Hortense n'était pas satisfaite de son hôtel de la rue Cérutti, qu'elle s'y trouvait trop à l'étroit, qu'elle se plaignait de n'y avoir point de soleil, elle osa dire à l'empereur : « Sire, je suis bien mal logée, Est-ce que mon fils, le grand-duc de Berg, ne devrait pas avoir un beau palais à Paris ? Cela ferait travailler vos ouvriers ! » Qu'on vienne donc, après cela, vanter la simplicité et le désintéressement de la reine Hortense ! Comment ! le pays vient de subir le plus effroyable désastre qui ait jamais frappé des armées en campagne; la France va se saigner à blanc pour reconstituer une armée, une artillerie, des équipages; elle va engager une lutte suprême pour son indépendance, et la reine Hortense pense... à quoi? A se faire bâtir un palais aux frais du pays. En vérité, c'est d'une étrange aberration !

Est-ce parce qu'elle en sentait vaguement l'inconvenance qu'elle ne demanda pas ce palais pour elle, mais pour le duc de Berg? Est-ce parce qu'elle voulait qu'on célébrât son désintéressement de mère qui ne pense qu'à son fils ? On ne peut le savoir. Mais l'empereur sourit, lui tira l'oreille et lui dit gracieusement, trop gracieusement pour une pareille demande : « A la paix, nous ferons tout ce que vous voudrez. »

A la paix, le trône impérial était renversé, l'empereur envoyé à l'île d'Elbe, et Hortense, sans plus de sens moral qu'elle n'avait eu de patriotisme, faisait auprès de Louis XVIII des démarches non moins déplacées.

Tandis que la reine Hortense, oubliant les malheurs
de la patrie, rêvait un palais pour elle et ses fils, son
mari, qui vivait à Gratz dans une retraite absolue,
rêvait de trône : il avait écrit à Napoléon pour lui
demander de relever celui de Hollande et de le lui
donner de nouveau. Il lui développait toutes les con-
sidérations politiques qui, selon lui, militaient en
faveur de son idée. Il était de l'intérêt de la France,
disait-il, dans la crise qu'elle traversait, de lui confier
un pays qui, sans lui, deviendrait infailliblement la
proie des alliés. L'empereur lui répondit en l'enga-
geant à venir à Paris et en lui disant qu'il le rece-
vrait comme un frère qu'il n'avait jamais cessé de
chérir, mais que, pour ce qui concernait la Hollande,
ce pays était maintenant devenu français et que, au
surplus, ayant abdiqué, il ne pouvait songer à re-
prendre sa couronne.

La France, cependant, se préparait à un suprême
effort et mettait sur pied une nouvelle Grande Armée.
Les bals et les fêtes, pendant ce temps, suivaient à
Paris leur cours ordinaire. On dansait ! C'était l'ordre
de l'empereur !... Les circonstances, pourtant, n'étaient
pas gaies pour danser ! Il n'y avait guère de famille
qui ne pleurât la perte d'un des siens, qui ne vît avec
désespoir le départ des survivants et des jeunes gens
pour la campagne qui allait s'ouvrir. Et pourtant on
dansait ! A l'un des bals masqués de la cour, on remarqua beaucoup le quadrille des Incas, de la reine
Hortense. Elle-même donnait des bals superbes. Des
échappés de la funeste retraite étaient là, et la vue de
ces officiers, plus ou moins mutilés [1], faisait passer

1. « Je n'y étais pas le seul avec le bras en écharpe. »
(*Journal du maréchal de Castellane*, t. 1, p. 224).

aux yeux de tous, comme en une vision infernale, le spectacle des milliers d'hommes qui étaient restés dans les neiges de Russie. L'on ne pouvait chasser de son esprit le souvenir de cette vaste traînée de cadavres jalonnant la route pendant des lieues et des lieues, de Moscou au Niémen. Aussi une ombre de deuil planait-elle sur ces salons si brillamment illuminés. Les spectres des habitués des fêtes de jadis, de ceux qui manquaient maintenant à l'appel, semblaient reprocher aux survivants leurs intempestives réjouissances : M. de Canouville avait eu la tête emportée à Smolensk, M. de Noailles avait été tué par les lances des cosaques, M. Octave de Ségur était prisonnier, M. Anatole de Montesquiou était mort en Espagne ! Et ce n'étaient là que les plus connus !

La reine Hortense avait, comme sa mère, comme les petits esprits, la faiblesse d'être superstitieuse. Elle ressentit pour l'année 1813, qui s'ouvrait, toutes les terreurs que devait avoir deux ans plus tard Mme de Krudner, cette voyante de pacotille, cette Velléda du grand demi-monde, pour l'année 1815. Le premier jour de l'année étant un vendredi, ses terreurs en furent augmentées. Cependant, l'année 1813 commençait par un vendredi pour les alliés aussi bien que pour les Français... Mais ces craintes superstitieuses ne veulent point être raisonnées. On aime mieux croire une sottise que se donner la peine de l'examiner avant de la croire. Quant aux désastres de l'année 1813, c'est dans l'enchaînement des fautes de Napoléon et dans son obstination à ne pas faire la paix, qu'il faut en chercher les causes : ce serait folie que d'y faire intervenir le millésime de l'année où se produisirent ces désastres. Mais Hortense était trop la fille de sa mère pour se dégager de ces sottes superstitions.

Elle s'était levée, en ce 1ᵉʳ janvier 1813, avec une terreur inconcevable : « Mon Dieu ! disait-elle, que va-t-il donc nous arriver cette année, après les malheurs de celle qui vient de finir ? »

Elle fit, comme les autres années, ses visites à l'empereur et à l'impératrice Marie-Louise. C'est à neuf heures du matin que se passait cette cérémonie officielle. Hortense mettait pour cela son grand habit de cour. En quittant l'empereur elle assistait, dans la même tenue, à la messe que l'on célébrait à la chapelle des Tuileries le premier jour de l'an. Elle rentrait ensuite rue Cerutti et recevait à son tour le personnel de sa maison. Petite fille comme elle l'était, ses dames se permettaient parfois de lui offrir un souvenir. C'est ainsi que Mᵐᵉ de Boucheporn, se rappelant combien la reine avait eu de plaisir à voir représenter sur la toile une visite qu'elle avait faite à Mᵐᵉ Mollien convalescente, lui offrit un petit livre contenant une aquarelle également commémorative. Cette image représentait la reine remettant à Mᵐᵉ de Boucheporn sa nomination de dame du palais : la reine était au lit, ses enfants jouaient sur le tapis, et elle allongeait le bras hors des draps pour tendre un papier à Mᵐᵉ de Boucheporn ; celle-ci faisait mine de s'agenouiller pour le prendre. L'obséquiosité ne savait en vérité qu'inventer.

Ce n'est qu'après avoir reçu les vœux de toutes ses dames qu'Hortense alla porter les siens à sa mère, à la Malmaison. Elle lui fit part, en même temps, des craintes que cette année au millésime fatidique lui faisait concevoir sur l'avenir. Sur ce sujet, elle trouva en sa mère une femme bien faite pour la comprendre.

Elle ne resta que peu de temps à la Malmaison. Il lui fallait rentrer, se faire coiffer et habiller de nouveau pour aller au grand dîner de famille qui était de tradition ce jour-là chez l'empereur. Il fallait y être exactement à six heures. A neuf heures, on se levait de table et, fatiguée d'une journée si laborieuse, la reine s'esquivait en s'excusant sur la faiblesse de sa santé et rentrait se coucher.

Sa mère, cette année, lui fit un superbe cadeau pour ses étrennes. Oubliant la détresse de la patrie, les deuils, les souffrances et les privations de toute sorte que les guerres perpétuelles de l'empereur causaient dans presque toutes les familles françaises, Joséphine avait offert à sa fille « une parure en or et et pierres de couleur qui lui avait coûté cinquante mille francs [1] ».

Peu de jours après, la reine Hortense, qui avait de très mauvaises dents, comme sa mère, comme son frère, souffrit de violentes névralgies. Elle se mit au bain, et la douleur, qui s'était localisée au-dessus du sourcil, disparut peu à peu. Mais elle revint le lendemain sur les onze heures du soir, et, tous les jours, depuis, Hortense était sûre de voir revenir sa névralgie. Alors, quand onze heures approchaient, elle congédiait tout son monde, d'un air résigné, et disait : « Allons, je vais attendre ma douleur. » On la plaignait, et, heureuse d'être plainte, elle s'allait coucher. Un soir, sa névralgie fut si vive, qu'elle envoya chercher sa lectrice, Mlle Cochelet. « Ses dents claquaient l'une contre l'autre, a raconté celle-ci ; je crus qu'elle allait mourir ». C'était bien des affaires pour une mauvaise dent !

---

1. Mlle Cochelet, *Mémoires sur la reine Hortense*, p. 25.

— Je veux me faire arracher une dent, dit la reine; cela me donnera une secousse qui fera peut-être diversion à ma souffrance, car toute la tête, toutes les dents me causent des douleurs insupportables.

La pauvre femme disait cette phrase, qui vous a un parfum d'héroïsme, pour ne pas avouer simplement qu'elle avait une dent gâtée, que cette dent la faisait souffrir et qu'il fallait l'arracher pour arracher en même temps la douleur : une reine ne pouvait avoir mal aux dents comme une simple mortelle, — à moins que ce ne soit sa lectrice qui ait donné cette nuance de supériorité, de « pas comme tout le monde » à l'indisposition de sa maîtresse vénérée. — A cinq heures du matin, le dentiste Bousquet, celui qui avait l'honneur de soigner les dents des princesses de la famille impériale, arriva : « Arrachez-moi la dent que vous voudrez, s'écria la reine, et ne craignez pas, j'ai du courage. » Rien de plus drôle que les réticences de Mlle Cochelet racontant cette grave opération : elle ne veut pas convenir que la reine avait une mauvaise dentition. « Une grosse dent, à peine malade, fut arrachée sans qu'une goutte de sang sortît. » Eh bien, puisqu'il ne coula pas une goutte de sang, cela ne prouve-t-il pas que la dent « à peine malade » ne tenait plus bien fort? Cela n'empêcha pas « l'héroïque » Hortense d'avoir une attaque de nerfs des mieux conditionnées; « on la porta dans son lit, on lui donna mille choses pour les nerfs et elle se calma. Je fis vite appeler tous les médecins. Corvisart ordonna le quinquina, ce fut ce qui réussit le mieux... [1] »

Que d'affaires pour une malheureuse dent gâtée!

1. Mlle Cochelet, *Mémoires*, p. 32.

Ah! on voit bien qu'Hortense était princesse pour donner tant d'importance à une pareille vétille. Souffrir? Mais, est-ce que ce n'est pas le lot de chacun? Et quelle singulière manie que celle des courtisans, qui ne veulent pas que leurs idoles soient soumises aux mêmes infirmités que le reste de la race humaine et qui exagèrent leurs souffrances pour se donner le plaisir d'exagérer l'*héroïsme* avec lequel elles les supportent! Le plus clair de l'indisposition d'Hortense fut qu'elle y perdit une dent — qui ne valait pas un regret — et une partie de chasse à Grosbois, — ce qui était plus regrettable : mais une fluxion à la joue ne lui permettait pas de se montrer.

Comme elle ne lui permettait pas non plus de chanter, Hortense put se donner un temps de repos absolu. Elle s'était prise maintenant d'une telle passion pour le chant, qu'elle passait toutes ses matinées, assise devant son piano, à dire et redire ses romances. Le soir, elle les répétait devant son petit cercle d'admirateurs, et elle recueillait une moisson d'éloges qui caressaient délicieusement sa vanité d'*auteur*, de femme *supérieure!*

Mais les médecins ne tardèrent pas à lui défendre les romances : elle s'épuisait à les composer, ou plutôt à les chanter. On craignit que tant de mélancolie, même chantée, n'eût une pernicieuse influence sur sa chétive santé. La pauvre Hortense maigrissait à vue d'œil, et les factures de Leroy montrent qu'on mettait de plus en plus d' « ouette » à ses corsages. Alors, privée du plaisir de chanter ses romances, véritable image de la douleur résignée, elle s'étendait sur une chaise-longue. Mme de Broc ou Mlle Cochelet lui faisait une lecture, mais son esprit était ailleurs et les mots, dont elle ne saisissait pas le sens, bour-

donnaient à ses oreilles sans parvenir à fixer sa
pensée. Comme la lecture ne la distrayait pas, on lui
raconta des histoires. Très innocentes, ces histoires,
bonnes à amuser une petite fille de quatre ans. Que
l'on n'aille pas croire que tout ceci est inventé à
plaisir ; qu'on écoute plutôt Mlle Cochelet : « Pour
chercher à la distraire d'une tristesse habituelle, dit
cette dévouée lectrice, je lui racontais la soirée que
j'avais passée, la veille, chez Mme de Bassano, mes
folies avec M. de Grandcourt, le costume dont j'avais
affublé cette vieille tête, le conte que je m'amusais à
lui faire quelquefois, qu'une princesse chinoise venait
d'arriver à Paris, qu'elle y apportait à vendre des
langues de perroquets ; ou bien d'un nid de colibri
qu'on venait de découvrir au Jardin des Plantes... »
Était-elle assez petite fille, cette femme supérieure,
pour qu'on crût devoir régaler ses oreilles, pour
l'amuser, d'histoires de cette haute portée !

En attendant que l'empereur lui fît construire un
palais — ce qui menaçait de ne pas être prochain,
car la paix ne se faisait pas — la reine Hortense
s'amusait à dresser les plans de ce palais. Toute la
journée on la trouvait, le crayon à la main, occupée
à tirer des lignes et canneler des colonnes. On ramas-
sait de ces plans partout, dans toutes les pièces, sur
les meubles, sous les meubles, et l'on avait, chez elle,
une si haute idée de la valeur des moindres papiers
qu'elle avait crayonnés, que ses enfants eux-mêmes disaient en les ramassant : « C'est le plan de maman. »

Et pour ce plan, qui ne devait jamais s'exécuter,
Hortense choisissait un emplacement. L'idée d'acheter
toutes les maisons qui bordaient l'avenue Marigny,
en face des jardins de l'Élysée, et de les abattre pour
construire son palais à leur place la séduisait assez.

Il y avait aussi tous les chantiers de la Madeleine, qui se fussent prêtés merveilleusement à la construction d'un palais, avec façade, sur le boulevard, au soleil! Car c'était pour avoir ce malheureux soleil qu'elle voulait se faire construire un palais. Dans son hôtel, le soleil ne venait jamais la visiter : c'est pour cela, sûrement, qu'elle était malade. Un palais lui était donc absolument indispensable. Pour quelques malheureux millions que cela coûterait, l'empereur se faisait bien tirer l'oreille.

Ne voulant pas attendre le soleil jusqu'à la paix, la reine Hortense se résolut à faire faire des travaux dans son hôtel, tandis qu'elle irait à la campagne. Son architecte eut ordre de s'arranger comme il voudrait, mais de lui faire une belle chambre au midi, dût l'hôtel en être bouleversé de fond en comble.

Dans son impatience de faire commencer les travaux, elle se rendit à Saint-Leu. Tandis que les maçons travaillaient rue Cerutti, Hortense cherchait quelles dépenses, si l'on préfère, quels embellissements elle pourrait faire dans sa propriété. Elle la parcourut en tous sens. Son plaisir était de le faire, étendue tout de son long sur les banquettes d'un grand breack, et de se faire voiturer ainsi, au pas, à travers les allées du parc ou de la forêt de Montmorency. Pendant cette promenade, elle se recueillait et faisait ses plans d'embellissements, en femme à qui l'argent ne coûte rien et qui ne se préoccupe pas d'en connaître la valeur. Elle les expliquait à ses dames, avec son petit air de supériorité bon enfant, et daignait agréer l'expression de leur admiration pour un génie aussi inventif. Puis, fatiguée de son effort, elle rentrait au château et il lui fallait quelques jours de repos avant de pouvoir regagner Paris.

TABLE DES GRAVURES

TABLE DES MATIÈRES

Imprimerie J. DUMOULIN, à Paris. — 24.3.27